河南省高校哲学社会科学研究重大项目"文学与地方性知识：'中原作家群'创作及访谈、口述史研究（1976—2023）"（2025-JCZD）中期成果

中原作家群研究丛书

▼ 主编 李勇　　▼ 副主编 刘宏志　朱一帆

朱一帆 著

在传统与现代之间

——新世纪河南作家研究

武汉大学出版社

图书在版编目（CIP）数据

在传统与现代之间：新世纪河南作家研究／朱一帆著．
武汉：武汉大学出版社，2025.7. -- 中原作家群研究丛书／
李勇主编. -- ISBN 978-7-307-24553-2

Ⅰ. K825.6

中国国家版本馆 CIP 数据核字第 2024HE4918 号

责任编辑:龙子珮　　　责任校对:汪欣怡　　　版式设计:马　佳

出版发行:**武汉大学出版社**　（430072　武昌　珞珈山）
　　　　　（电子邮箱：cbs22@ whu.edu.cn　网址：www.wdp.com.cn）
印刷:湖北云景数字印刷有限公司
开本:720×1000　1/16　　印张:11.25　　字数:153 千字　　插页:3
版次:2025 年 7 月第 1 版　　2025 年 7 月第 1 次印刷
ISBN 978-7-307-24553-2　　定价:65.00 元

总　序

在百年来的中国现代文学发展史上，河南作家一直占有举足轻重的地位。现代文学时期虽战乱频仍，但河南还是走出了徐玉诺、曹靖华、冯沅君、尚钺、师陀、姚雪垠、丰村、赵清阁、刘知侠、于赓虞、李季、苏金伞等一众名家。虽然他们大多有流亡和迁徙的经历，创作也多是异地开花，但他们笔下的中原大地，仍堪称是近现代苦难中国的缩影。当然，现代文学史上的河南作家，确如孙荪所言——"没有形成气候"。真正形成气候是在1949年之后，尤其是改革开放以来，以李准、南丁、魏巍、白桦、张一弓、乔典运、田中禾、二月河、刘震云、李佩甫、周大新、柳建伟、刘庆邦、张宇、郑彦英、孙方友、墨白、李洱、冯杰、邵丽、乔叶、梁鸿、计文君、南飞雁、李清源等为代表的一大批河南作家活跃于中国文坛，才真正形成了一个不仅具有相当数量规模，而且具有鲜明地域特色的文学群体。

关于这个文学群体，历来有许多命名。从较早的"河南作家"，到20世纪90年代的"文学豫军"，再到新世纪的"中原作家群"——命名焦虑某种程度上也折射着这个文学群体的影响力。地域性文学的命名总是存在争议，这几乎是难免的。但河南作家却有一种群体性的、与其他地域作家不同的"个性"。这种"个性"不仅仅是在与南方作家的比较中显现出的一种朴实（而非绚烂）、沉重（而非轻逸）的北方风格，也不仅仅是在与西部作家的对比中展现出的一种现实（而非浪漫）、焦灼（而非

1

自由)的中原精神底色，而是即便与相毗邻的山东、陕西等北方地区和泛中原地区的作家相比，也仍然可以分辨出的一种唯河南作家方有的气质与个性。

对于这种气质和个性，当我们拿刘震云、李佩甫和莫言、张炜、贾平凹、路遥等比较，或者拿乔叶、邵丽、南飞雁、李清源与其他北方地区的中青年作家比较时，就会有非常突出的感受。这种感受，用简单的话概括就是：河南作家对于近现代中国多灾多难的历史和现实有一种远较其他地域的作家更痛彻心扉的体认。而这种体认的来源，就是中原这块土地在中国从贫穷走向富强、从愚昧走向文明、从落后走向进步的过程中，所承受的独一无二的挣扎和撕裂之痛。因为中原有着远较其他地区更庞大滞重的前现代文明负累，故而它的转型和裂变远较其他地区更为艰难，也更为撕裂、疼痛。毫不夸张地说，新时期以来河南作家笔下最让人印象深刻——甚至过目难忘——之处，便是对这种转型之痛的痛彻展示与表达。

所以，不管是从作家作品的体量来说，还是从其个性来说，河南作家都有作为一个地域性文学群体被关注和研究的可能性和必要性。而言其"必要"，实在是因为对这个群体的观察，亦是对百年来中国社会历史发展和文化转型的回顾与反思。多年来，对这个文学群体的观察和思考，并不局限于与河南这块地域有关的学人，它受到的关注是全国性乃至世界性的。郑州大学文学院中国现当代文学专业的诸位同仁，多年来对河南作家给予了积极的、热情的关注和研究。这里原本并没有统一的规划和预先的组织，而只是因为这个文学群体及其创作实在太过醒目，以至于让人无法视而不见。

当然，此次"中原作家群研究丛书"的策划和出版应该算是一个标志。近年来，郑州大学陆续成立了二月河文学艺术研究中心、河南文学研究中心等研究机构，2024 年 3 月河南文艺评论基地(郑州大学)揭牌，这些都为我们能够更好地整合资源、调动力量，更充分、更有力地发掘"中原作家群"这一丰富的文学资源的价值，让这一地域文学资源的价值得到更好、更充分的传播与利用，创造了条件。在此，衷心感谢郑州大学文学院对该丛书出版的大力支持！感谢河南省文联、河南省作家协会、河南省文艺评论家协会，以及广大作家和学界朋友的无私帮助！同时也对武汉大学出版社诸位编辑老师为丛书出版付出的辛苦努力，表示最诚挚的敬意！

李勇

郑州大学文学院教授、博士生导师

前言：

论新世纪河南文学对传统的创造性转化与创新性发展

1996 年 12 月，中国作协中华文学基金会与河南省委宣传部共同出资并主办，在北京召开了"河南新时期小说创作研讨会"，这是中国作协中华文学基金会第一次出资为地方召开创作研讨会。① 1999 年 1 月，时任中国作协书记处书记的张锲，专门就河南作家的崛起为题作了一次演讲。他指出："我不止在一个地方呼吁，应当让全国的文学队伍，让全国的评论家们充分认识到文学豫军的成长过程，文学豫军的崛起。豫军确实在中国文坛起着中坚的作用。"②自此，河南作家，开始被拿来与文学"湘军"、文学"陕军"并置，成为中国现当代文坛的一支重要力量。其实，放眼整个中国现当代文坛，河南作家一直占据着重要地位，扮演着重要角色。这可以从以下两个方面展开：

一是河南作家贯穿整个中国现当代文学史，且作家群体庞大，代际鲜明。整体而言，自五四文学革命至今的整个河南文学，大致可以被划分为三个时期：第一个时期是1917—1949 年，也就是从五四文学革命的发生到中华人民共和国的成立。这一时期先后涌现了徐玉诺、曹靖华、冯沅君、尚钺、蒋光慈、师陀、姚雪垠、丰村、赵清阁、刘知侠、于赓虞、李季、苏金伞、柯岗、王镇南、樊粹庭等作家。冯沅君在五四时期

① 何弘. 中国新文学中的中原作家群[J]. 小说评论，2012(2).

② 孙荪. 文学豫军论[J]. 河南大学学报(社会科学版)，2002(4).

的文学创作，敢于表现女性内心，敢于向腐朽的封建伦理开炮，引领风气之先。蒋光慈的《咆哮了的土地》，被誉为"'红色文学经典'的开山之作……开创了中国革命文学政治启蒙的全新思维模式"①。至于师陀，他的诗化小说创作，更是为后世提供了一种乡土文学的书写范式。第二个时期是1949—1978年，也就是从中华人民共和国成立到改革开放前夕。这一时期的河南作家，主要有从外地归来的姚雪垠、苏金伞等，从外省来豫的于黑丁、何南丁、王大海、庞嘉季、郑克西等，在河南本土奋斗、成长的徐玉诺、李蕤、栾星、冯纪汉、赵青勃、李准、吉学沛、乔典运、徐慎、张有德、段荃法等。李准的《不能走那条路》《李双双小传》《耕云记》发表后，在全国产生强烈反响。第三个时期是1978年以来，也就是改革开放以来。这一时期的主要代表性作家有"30后"作家张一弓、乔典运，"40后"作家田中禾、二月河，"50后"作家杨东明、张宇、郑彦英、李佩甫、齐岸青、周大新、刘震云、墨白，"60后"作家李洱、邵丽，"70后"作家梁鸿、乔叶，"80后"作家南飞雁、李清源、陈宏伟等。这是河南文学的崛起时期，其中的众多作家大家耳熟能详。整体而言，河南作家在中国现代文学诞生之初，就参与到中国新文学的建设与发展中，并作出了重要贡献。到了中华人民共和国成立后，在关于社会现实的讨论中，也闪现着河南作家的身影。至于1978年改革开放以来，河南文学则呈现出百花齐放、百家争鸣的热烈景象。

二是河南作家的创作在中国现当代文学史上取得了耀眼的成绩。这首先表现在河南作家凭借优秀长篇小说，多次获得茅盾文学奖。据相关统计，包括乔叶在内，目前（截至2025年）共有十位河南籍作家获得过茅盾文学奖，数量居全国第一，占全部获奖者数量的五分之一。② 最早

---

① 宋剑华. 红色文学经典的历史范本——论蒋光慈《咆哮了的土地》的文本价值与后世影响[J]. 河北学刊，2008(5).

② 正观新闻. 乔叶《宝水》获第十一届茅盾文学奖 河南茅奖得主数量全国第一[EB/OL].（2023-08-11）[2023-10-14]. https://www.163.com/dy/article/IBS8BVPD05563ULN.html.

获得茅盾文学奖的河南作家是魏巍和姚雪垠，两位作家分别凭借《东方》和《李自成》获得了在 1982 年评选的第一届茅盾文学奖。之后李准《黄河东流去》，柳建伟《英雄时代》、宗璞《东藏记》，周大新《湖光山色》，刘震云《一句顶一万句》，李佩甫《生命册》，李洱《应物兄》，乔叶《宝水》分别获得了第二、六、七、八、九、十、十一届茅盾文学奖。其次，河南作家在新诗、旧体诗、散文、戏剧领域也有不俗成绩。在新诗领域，有李季创作的代表新诗民歌化、大众化实验的《王贵与李香香》；在旧体诗领域，有冯沅君写出反映抗战时期民族苦难的《四余诗稿》《四余词稿》《四余续稿》；散文领域则有魏巍写出的著名报告文学《谁是最可爱的人》；至于戏剧领域，也有表现新时代生活的豫剧《朝阳沟》等。也就是说，纵观中国百年新文学发展史，其中不仅不停闪现着河南作家的身影，而且河南作家创作的文学作品，不论是小说、诗歌、散文还是戏剧，在百年中国文学史上都占据着重要地位。

回顾百年，厚重的历史底蕴，造就了河南文学独特的地域特质与地方文学特点。一是典型的现实主义美学风格，对文学表现现实、反映现实、说明现实的坚守。现实主义美学风格，曾经在一段时期内占据绝对重要的位置，直至 20 世纪 80 年代随着西方现代主义、后现代主义等思潮流派的涌入，现实主义日渐消弭，从中心到居于边缘的位置，"新历史""新写实"等先锋写作大放异彩。但是就河南文学而言，现实主义始终是内刻于骨髓的特质。这一点也得到了学界诸多学者的印证。如有学者就指出："其实近三十年来，大约从 20 世纪 90 年代的现实主义冲击波起，当代文学的现实主义转向便已开始。作家对于转型加速期时代现实的书写，汇成了此间除现实主义冲击波之外，还包括底层文学、'非虚构'等在内的诸多文学浪潮。而其中，河南作家的表现应该是最突出的。以新世纪为例，我们看到身在河南本土的李佩甫、乔叶、邵丽、南飞雁、李清源，以及离开河南的刘震云、周大新、刘庆邦、梁鸿等作家的创作，都莫不直面时代现实。他们的《生命册》《拆楼记》《红酒》《湖光山色》《到城里去》《中国在梁庄》等，都是直击社会现实和时代问题之作。这些身在河南省内和省外的河南作家，关注时代现实的热情是不约而同的。这一点，在其他省市的作家身上并不多见。"①二是典型的乡土文学特征，这鲜明表现在河南文学对生活在中原大地的中原人民的着力刻画与书写上。如田中禾的《十七岁》《父亲和她们》《模糊》，都是站在中原大地这片土地上书写祖辈、父辈们的悲欢离合，呈现出十分鲜明的乡土文学特质。又如李佩甫的《羊的门》，以生活在中原大地的乡村党支部书记呼天成为首，建构了权力、金钱、欲望交织的"围城"世界。《城的灯》则是在城乡二元对立的视角中，刻画了典型的进城农民冯家昌形象。还有李洱的《石榴树上结樱桃》。该部小说用现实主义的写作手法，为我们展示了新世纪中国农村，或者说中原大地上一个村庄的权力场。其他还有像是梁鸿的"梁庄三部曲"、邵丽的"挂职系列"、乔叶的《拆楼记》等，都是扎根乡土，扎根中原大地，书写生命本色。

面对这些优秀的河南文学传统，新世纪以来的河南文学作家并没有胆怯，也没有气馁，他们没有深陷"影响的焦虑"，畏葸不前。总的来说，新世纪以来的河南文学整体呈现出在传统中赓续、在传统中发展，对传统进行创造性转化与创新性发展的艺术特点。这突出表现在以下两个方面：

一是扎根现实，创化现实。中国特色社会主义进入新时代，如何回应时代之变，是新时代文学创作的关键所在。我们曾经历了在小说创作中用先锋手法颠覆现实、否定现实的阶段，现在看来，这样一种历史观、现实观与创作态度，并不能真正解决中国所面临的现实问题。语言的狂欢，带来的只能是精神上的更加虚无。时代发展到今天，我们已经越来越清晰地意识到，现实主义态度、现实主义创作方法在反映中国社会化进程中的重要作用。面对新时代、新问题、中国式现代化新进程，河南文学扎根现实，通过融日常生活于宏大叙事，创造性地表现现实。

---

① 李勇. 新世纪河南文学论——《新世纪文学的河南映像》导言[J]. 中州大学学报，2019(5).

李泽厚曾指出整个 20 世纪的中国历史，就是启蒙压倒救亡，或者救亡压倒启蒙的历史。在这个意义上，我们也可以说整个 20 世纪中国文学史，都是一部充斥着宏大叙事的历史。面对中国往何处去的实际问题，面对日军侵略的国仇家恨，面对改革开放以来中国落后于世界先进国家的窘境，中国文学以表现现实世界为己任，在各类文体中不断地书写着这些宏大主题。20 世纪 90 年代以来，随着社会主义市场经济的进一步发展，"新写实"出现，可以说把小说中的日常生活叙事发挥到了极致。抛弃了宏大之后的诸多问题，自然在之后的小说写作中日渐流露出来。新世纪以来，河南作家创造性地将日常生活叙事融于宏大叙事，避免了单纯性叙事方式带来的偏颇，通过微观化叙事，巧妙地展现着宏大主题。如田中禾的《十七岁》《父亲和她们》《模糊》，他在处理宏大主题时，不再"正面强攻"，而是从普通人的角度出发，通过揭示普通人的命运变迁，呈现宏大历史对个人的规约，并最终传达出他对个人与历史、宏大与日常的整体性思考。又如李洱在小说《花腔》中，以"我"对"葛任"生平的追寻为主线，展现权力、宏大历史对个体命运的抑制与规约。通过将日常生活融于宏大主题，新世纪以来河南作家的创作展现了他们对现实主义创作风格的创化。

二是扎根乡土，创化乡土。中国特色社会主义进入新时代，同样地，如何回应乡村之变，是新时代乡土文学创作的关键所在。"乡土文学不应一味延续以往的、传统的叙述模式，而应与时俱进，对已经发生、正在发生的乡村巨变，对脱贫攻坚、乡村振兴、乡村治理等新现实进行审美书写，这样才能反映乡土中国的'时代之变、中国之进、人民之呼'，凝聚乡村的生机与活力，重建乡村精神，推进传统乡村根性文化的创造性转化与创新性发展。"①具体到新世纪以来的河南文学创作而言，河南文学作家们扎根乡土、创化乡土，通过书写新时代的山乡巨变，建构出一种新的乡土文学书写经验。这典型表现在作家乔叶的《宝

---

① 张丽军. 论新时代乡土文学的现实主义创作[J]. 中国文学批评，2022(4).

水》上。《宝水》是作家乔叶于2022年推出的长篇小说，该小说以地青萍为视角，展现了她回村后在新时代建设新农村的成绩，为我们勾勒了一幅新时代的山乡巨变图。以往中国现代化进程中的乡土书写，多是作家站在城市/现代文明的角度对乡土进行批判或回忆式讴歌，典型代表如鲁迅笔下的乡村批判和沈从文笔下的湘西牧歌。可以说，这两种叙事模式的生成，背后均有西方现代化的参与和影响。在西方现代化的绝对权威压迫下，近代以来中国文学中的乡土书写，要么呈现出与西方现代化的"合谋"，就是站在西方现代化立场批判落后愚昧的农村；要么，则是站在西方现代化的对立面，歌颂田园牧歌式的乡村生活。新世纪以来，中国特色社会主义进入新时代，在新农村建设、乡村振兴的号召下，现代乡村已然发生翻天覆地的变化。与现代养殖业相结合的乡村旅游的发展，现代乡村观光游的深入拓展等，使得传统农耕经济真正实现了与现代产业经济相结合。村民们开始面临一些先前从未遇到的问题。"比如大家都种菜，以前你薅我地里一把菜，我薅你地里一把菜都没关系，但后来做生意，一把菜炒一下装盘能卖20块钱，这个对他们的刺激一开始是非常大的，那种传统的以物易物受到商业化的冲击，带来很微妙很可爱的心理。""比如说我家住在偏僻地段，种的菜很多。我要卖菜的话，我是要卖给村里的熟人还是要卖到镇上去？比如我家开客栈客源多，住不下的客人我介绍给关系好的邻居时，是要提成还是按照以前的信任关系不要提成下次互相介绍客人？"①这便导致了新时代的乡土书写，不再局囿于传统或批判或牧歌式歌颂的范式，开始走出一条新道路。新时代、新乡村、新农民、新生活，需要作家用作品对其进行表现。乔叶的小说《宝水》，便是对这一变化的成功表现。扎根乡土，扎根乡土文学传统，却又不拘泥于传统，对乡土文学传统进行创造性转化与创新性发

---

① 李喆，乔叶. 第11届茅盾文学奖获得者唯一女作家乔叶：《宝水》讲述新时代新山乡的故事［EB/OL］.（2023-08-12）［2023-10-14］. https://baijiahao.baidu.com/s？id＝1774014895857409552&wfr＝spider&for＝pc.

展，以乔叶为代表的河南作家，为新世纪河南乡土书写，提供了一种新的创作经验。

新时代呼唤新文学。新世纪以来的河南文学创作，背靠中国新文学从发展之初到当下所形成的河南文学传统，扎根乡土、扎根现实，同时又创化乡土、创化现实，最终走出了一条独特的地域文学之路。这样一条文学道路，为当今的文坛创作，不仅提供了新世纪现实主义文学的创作经验，也提供了新世纪乡土文学的创作经验。基于此，本书选取新世纪以来河南作家的小说创作作为研究对象，重点呈现其创作道路、创作态度、创作方法，揭示其创作经验。因为新世纪以来不同代际河南作家的小说创作，在处理历史与现实、结构小说的内容与形式时呈现出较为明显的不同，因此本书的章节安排，以"40后"作家田中禾、"50后"作家李佩甫、"60后"作家李洱、"70后"作家乔叶、"80后"作家南飞雁依次布局。本书因为不是对新世纪以来河南作家小说创作的宏观性、整体性论述，所以难免会存在诸多有着重要创作成绩却不符合本书体例的作家及其作品不能入选的情况。这也是本书的诸多遗憾之一。

目　　录

第 一 章

二元美学的当代演绎：田中禾小说创作论

新世纪以来，田中禾发表的文学作品，以长篇小说为主，这包括了2010年出版的《十七岁》《父亲和她们》，以及2021年出版的《模糊》。如果说，在新世纪之前，田中禾的小说创作，在艺术上多遵循传统写法，写出了《五月》《明天的太阳》《轰炸》《匪首》，那么新世纪以来的《十七岁》《父亲和她们》《模糊》这三部长篇小说，则是田中禾在主题、叙事手法、艺术风格方面的不断探索与突破之作。诚如作家田中禾自己所说：这三部作品"更注重结构和叙事方式。探索性更自觉，文体意识更强，语言风格和变化更自在。应该说，这是我创作的一个新阶段"①。具体而言，一是通过将个人记忆融合进宏大叙述，田中禾展现了他对以宏大叙述为旨归的历史叙事传统的突破；二是通过融复调、连缀于一体，呈现出对于传统叙事手法的创新性发展；三是建构纪实与虚构双重交织的模糊美学，让其作品呈现出鲜明的新旧交融、古今杂糅的美学风格。这些尝试，鲜明地呈现出对传统小说在创作主题、叙事手法、艺术风格方面的创造性转化与创新性发展。以贴近传统，但是又超脱传统的创作姿态，作家田中禾在其小说创作中书写并呈现着其文学理想与世界。

第一节　宏大与日常融合的历史叙事

纵观田中禾的小说创作，历史书写是其主要侧重点。这也一并延续到

---

① 田中禾. 没有人强迫给你的大脑植入芯片[N]. 中华读书报, 2019-11-27.

了他新世纪以来的三部长篇小说。《十七岁》是以"我"的视角，在讲述外祖父、母亲、父亲、大姐等一大家子的人生经历过程中，串联起科举被废、清朝灭亡、军阀混战、日军侵略、解放战争等20世纪上半叶的重大历史事件。《父亲和她们》则是在父亲、母亲、娘各自对自己过往经历的讲述中，书写着国共两党的博弈，抗战年代的同仇敌忾以及中华人民共和国成立后的波澜起伏。《模糊》则以二哥为主要视角，书写了其在中华人民共和国成立后的人生遭遇，并由此牵带出共和国的命运浮沉。可以说，新世纪以来的田中禾的小说创作，是典型的以宏大叙述为旨归的历史叙事。

"宏大叙述"，在中国现当代文学史上已然是一种耳熟能详的表述，甚至已日渐演变成为一种文学话语与文学书写范式。凭借对中国波澜壮阔的革命历史的正面描写与着重表现，其占据了"五四"以来的中国现当代文学史的大半江山。这包括但不限于"鲁郭茅巴老曹"的文学作品，以及中华人民共和国成立后在《在延安文艺座谈会上的讲话》影响下的"三红一创"等诸多作品。宏大叙述作为一种文学传统，已经深植于中国现当代的小说创作中。如果深究这背后的原因，宏大叙述与古代小说传统中"补历史之阙"的心态有着紧密关联，更为重要的是，宏大叙述延续了古代小说传统对传奇性的追求。不论是唐传奇还是明清小说，从来强调的都是小说对于历史现实的忠实呈现与反映。而当我们提到宏大叙述，绕不开的另一个术语就是日常生活叙事。日常生活叙事作为一种文学传统，在古代文学中也占据着一席之地，只是相较于宏大叙述的分量，就显得小而微。像是《十二楼》《豆棚闲话》《浮生六记》等，都十分典型地具备了日常生活叙事的特点。到了五四文学革命之后，由于军阀混战、抗日战争的爆发等，救亡开始压倒启蒙，对历史、现实等宏大主题的反映，占据了文学创作以及文学批评的主要领域，对日常生活的书写反而逐渐退居边缘。但是，书写日常生活作为一种创作潮流，却也一直潜隐在中国现当代文学史中。对它们的发掘与整理，直到改革开放后，随着夏志清等汉学家的强调，才日渐浮出文学史地表。夏志清在他的《中国现代小说史》中着重挖掘了以张爱玲、钱锺书、沈从文为代表的以日常生活叙事见长的作家。经过其对这些作家文学史价值的重估与再评价，这部后来被介绍进国内的文学史著作，也改变了国内对以日常生活叙事为旨归的文学创作的长期忽视。这之后，汪曾祺为日常生活叙事树立起了一座高峰。更不要提之后的新写实小说，在对小人物平凡、琐屑的日常生活的展览中，解构了宏大叙述引以为傲的崇高与理想。自此，宏大叙述与日常生活叙事，这两个本就是一体两面的写作范式，在中国当代文学史上真正开始旗鼓相当，共同书写着中国现代化进程中的问题与困惑，经验与得失。只是，在具体操作层面上，作家作品多以二元对立的姿态将二者进行呈现。或者展示宏大叙述，或者展示日常生活叙事，较少有作者能突破这一惯有写作模式。而具体到田中禾这里，他打通了两种写作范式的壁垒，在《十七岁》《父亲和她们》《模糊》等历史小说中，将宏大叙述和日常生活叙事融为一体，将个人记忆作为宏大叙述的补充，在小说中进行呈现，真正实现了二者的有效结合，展现了他对宏大叙述、日常生活叙事这两大传统写作范式的创新性发展，同时也实现了他个人创作道路的突破。

具体来看。在小说《十七岁》"木匠的女儿"一章中有这样的话：

> 这是个很标准的最终胜利属于我们的故事。我一直确信母亲的故事是真实的，它伴我长大，使我对这位冒死守护军火的刘营长充满向往。在此后的几十年间，我一直希望能够得到刘营长更多的细节，可是无论在民间传说，还是在能够查找到的资料中，甚至连这故事的蛛丝马迹都未能找到。在不久前新编的县志里，对这件事的记载只有寥寥数语，"1940 年 5 月 4 日（农历三月二十七），日机三十二架在县城西关先后投弹一百余枚，发射机枪子弹数千发，炸死二百多人，伤残一百多人，炸毁房屋七百余间。"好像根本不存在西河码头储放军火这回事。①

---

① 田中禾. 十七岁[M]. 南京：江苏文艺出版社，2011：12.

　　这段话鲜明地呈现出了田中禾将宏大叙述与个人记忆相并置的企图。这是关于 1940 年 5 月 4 日日军轰炸县城西关这一历史事实的两种论述。就宏大叙述而言，其正统、严肃、简洁地出现在新编县志中，寥寥数语，以不容置喙的语气与文字，将那段历史平静、客观地道出。而与之相对的个人记忆，则显得有血有肉。其中有守卫武器弹药库的刘营长告别妻子时的悲壮话语，也有父亲携妻带子躲避日军炸弹袭击的惊险，还有最终弹药库幸免于难，被成功转移的自豪。这是独属于母亲的记忆与故事，在母亲一遍又一遍的讲述中，这些个人记忆被镌刻进"我"的脑海中。最后一句看似是站在个人记忆角度对宏大叙述的否定，但是当我们统观全篇，会看到这只不过是作家田中禾对宏大叙述中没有个人记忆的不满。个人记忆的存在，不是以否定宏大叙述为旨归的，其目的是补充，将那段用冷冰冰文字记载的宏大叙述，用有血有肉的个人记忆填补，最终将历史叙述变成真实可感的存在。这样一段尝试，也还出现在"1944 年的枣和谷子"这一章中：

　　　　从我被母亲孕育，直到父亲去世，我出生前后的五年中，县城灾祸连绵，我家的景况急剧败落。这一点，从故乡的县志里能够得到证实。

　　　　1940 年"5 月 4 日 (农历三月二十七日) 日本 32 架飞机轰炸唐河……县城第一次沦陷。"——我在母腹中开始逃亡；

　　　　1941 年"2 月 4 日，日军主力与国民党二十九军之九十九、一九三师激战，5 日凌晨 (正是我出生的时刻) 占领唐河县城。"

　　　　1942 年"夏季大旱，秋禾枯死，民食草根、树皮。秋末冬初，源潭镇出现'人市'，每日有二三十个少男少女插草标上市出售。"

　　　　1943 年"春大旱。八月蝗灾。日军侵犯何庄，烧民房三百余间，抢牲畜十八头，打死打伤村民十多人。"

　　　　1944 年"4 月，土匪杆首傅老三啸聚三千余人在城东王集一带烧杀抢掠，焚毁民房 300 余间，打死打伤数十人。绑票一批。"

我到人世间来讨债，比我的姐姐、哥哥们威风，我随身带着东洋打手，带着鬼子的飞机和炸弹，还带来一连串天灾、匪患。①

从这段话中可以清晰看出，作家田中禾对个人记忆的定位。所谓"从故乡的县志里能够得到证实"，就表明了在小说《十七岁》中出现的个人记忆，是以对宏大叙述的补充为主要存在目的。当然"我"的出生，以及之后的长大成人，绝不只是这寥寥几句县志能够说清道明的。随后小说详尽交代了"我"的成长史、恋爱史以及与"我"有关的整个家族史，那可触摸的真实感，鲜明呈现出个人记忆的特征。整体而言，小说《十七岁》通过将"我"、父亲、母亲、外祖父、外祖母、大哥、大姐等的个人记忆掺杂进宏大叙述，让宏大叙述呈现出可被触摸的真实感，而个人记忆因为有了宏大叙述的依凭，也增添了诸多意义与价值。

再来看小说《父亲和她们》。就微观层面而言，其也呈现出宏大叙述与个人记忆相糅合的特征。典型如这一段：

其实，人的一生不过是两套年月符号。履历表上的一套，装在档案里，记载着他在人世间扮演过的角色；每个人心中储存着另一套日历，虽不轻易对人言，却深藏着他的幸福与隐痛，标记住一生最难忘的时刻。②

这段话虽说的是人的一生的两套年月符号，其实也表征着作家田中禾对宏大叙述与个人记忆关系的认知。个人履历表上的一套年月符号，其实就象征着宏大叙述，其正统、不容有失，工工整整记载着历史的走向。每个人心中储存着的另一套日历，则象征着个人记忆，是有别于宏大叙述的、关乎鲜活日常生活的、嬉笑怒骂的寻常日子。在这个意义

---

① 田中禾. 十七岁[M]. 南京：江苏文艺出版社，2011：57.
② 田中禾. 父亲和她们[M]. 北京：作家出版社，2010：51.

上，田中禾其实表明了他对宏大叙述与个人记忆的看法，即二者正如一枚硬币的两面，宏大叙述为表，标记着人生、历史前进的方向；个人记忆为里，对框架化、结构化、定式化的宏大叙述进行填补，展现着自己的丰富可感。而就小说《父亲和她们》的宏观层面而言，其依然践行了作者的主张。这部小说分别以"娘""父亲""母亲"为叙事视角展开，这样的个人视角，自然意味着个人记忆，而在这三人的个人记忆中，又间或掺杂着宏大叙述，诸如父亲逃婚外出遇到民团、为了爱情与自由想要去延安、参加抗美援朝等，在宏大叙述与个人记忆的交织中，整部小说谱写了一曲深沉而可歌可泣的个人生活史、艰辛革命史、共和国曲折道路史。

最后来看小说《模糊》。它与小说《父亲和她们》有异曲同工之处，那就是都由故事中的主要人物口述而成。具体就小说《模糊》而言，它是由主人公宋丽英口述的。个人口述史，自然带有鲜明的个人印记，这样的谋篇布局，使该小说天然地带有了个人记忆的痕迹。在个人关于生活的回忆中，那过去的种种，尤其是给二哥带来命运浮沉的中华人民共和国成立后重大事件，便也自然而然地浮出水面。依托于这些宏大叙述，我们更加真切地体会到二哥的性格与个性，也正是以二哥为代表的"这一个"的遭遇，为宏大叙述提供了超脱于冰冷材料之外的主观真实。

纵观整个 20 世纪，不论是哲学、艺术还是文学领域，都在经历着从宏大叙述到日常生活叙事的转向。典型的如 20 世纪初现象学大师胡塞尔将"日常生活世界"引入其理论中，之后促使海德格尔提出"日常共在的世界"，形成了对日常生活批判的潮流。就国内而言，这一转向主要体现在"新历史""新写实"对先前宏大叙述的批判与解构。如果说战争年代，宏大叙述能够增强民族凝聚力，让中国人民紧紧地团结在现代民族国家的观念下同仇敌忾、抵御外侮，那么和平年代里，尤其是改革开放之后，和平安逸的现实生活自然呼吁日常生活叙事对其进行刻画与描写。从宏大叙述到日常生活叙事，体现了小说领域的转向，反映了人民生活的安居乐业，而当进入新世纪，田中禾推出的这三部长篇，试图在这样一种已成既定事实的框架内，将宏大叙述与日常生活叙事进行糅合，这体现了他对传统进行创新性发展的努力，同时也标志着以其为代表的当代小说作家叙述心态、叙事手段的日臻成熟。这有着十分鲜明的当下意义与价值。

第二节　复调与连缀并存的文本结构

《十七岁》《父亲和她们》《模糊》这三部小说，在叙事手法方面，各自有着十分鲜明的特点。如已被评论界着墨颇多的小说《父亲和她们》采取的是转换叙事视角而形成的复调叙事。至于《十七岁》《模糊》这两部小说采取的"连缀"结构，则较少有批评家涉及。显然，复调叙事是对西方小说叙事传统的吸收与借鉴，"连缀"笔法则源自以《水浒传》《儒林外史》为代表的传统小说叙事手法。在这个意义上，以《十七岁》《父亲和她们》《模糊》这三部小说为代表的田中禾新世纪小说创作，在叙事特征方面，呈现出熔复调与连缀于一炉的特质，体现了其对传统小说叙事的创新性发展。

复调概念最早作为专业术语出现在音乐领域，用以指代音乐的多声部之间互不打扰，各自成为一体，共同构成一首完整的曲子。巴赫金最早将复调引入文学领域，并将其用于对陀思妥耶夫斯基小说的评价。在他看来，"有着众多的各自独立而不相融合的声音和意识，由具有充分价值的不同声音组成真正的复调——这确实是陀思妥耶夫斯基长篇小说的基本特点。在他的作品里，不是众多性格和命运构成一个统一的客观世界，在作者统一的意识支配下层层展开；这里恰是众多的地位平等的意识连同它们各自的世界，结合在某个统一的事件之中，而互相间不发生融合"[①]。以此观点来看田中禾的小说《父亲和她

---

① 巴赫金. 陀思妥耶夫斯基诗学问题 复调小说理论[M]. 白春仁，顾亚铃，译. 北京：生活·读书·新知三联书店，1988：29.

们》，便能鲜明感受到其通过"父亲""母亲""娘"三种叙事视角而构成的复调叙事。

　　具体来看。如第一章的提要是"娘说：'不管那个不讲理的愿不愿意，拜过天地，他就是我男人。'"第三章的提要是"父亲说：'为了爱情，为了自由，到那边去！'"第五章的提要是"母亲说：'比起马文昌，大老方的长相更适合那个时代。'"①这些提要就是这些章节的主要内容。在具体展开之前，先就这三个称谓作一个简单解释。这里的"娘"和"母亲"并非一个人。"娘"，指的是小说中马长安的养母，也即父亲马文昌包办婚姻的老婆肖芝兰，她抚养马长安长大。"母亲"，指的是马文昌的生母林春如，她在生下马文昌一个月后，便奔赴前线参加革命。小说主要是以父亲马文昌、娘肖芝兰、母亲林春如为叙事视角各自展开。小说第一章，就是以娘的叙事视角，陈述她与父亲在家中长辈安排下强拜天地的故事。小说第三章，则是以父亲的视角，讲述他如何挣脱包办婚姻的牢笼，想要奔赴延安参加革命。小说第五章，则是以母亲的视角，讲述母亲因政治问题未能与父亲结亲后，与大老方来往的经过。这之后的章节，也都依循着相同的谋篇布局。在这三人的各自讲述中，整部小说呈现出了十分鲜明的叙事视角与叙事风格。如在娘的叙事视角中，父亲的形象多桀骜，娘拿他没有办法却也只能听之任之。在母亲的讲述中，父亲意气风发，有着革命理想与抱负，是个在关键时刻能以命相抵救自己的伟岸英雄。在父亲的叙事视角中，他既有朝鲜战场奋力杀敌的英勇，也有划分土地时政治立场的坚定。在这个意义上，父亲讲述的部分，与母亲以及娘讲述的部分，都有着独属于自己的鲜明特征。因此，也就具备了巴赫金所说的各自独立的声音和意识，它们地位平等，各自结构着自己的世界。因此，这三个叙事视角的安排，让整部小说呈现出复调的特征。这是第一层表现。学者王春林在其评论文章中曾指出，小说《父亲和她们》采用了双重后设叙事方式，"所谓双重，第一重指的是最早出

---

① 田中禾. 父亲和她们·目录[M]. 北京：作家出版社，2010.

现的第一人称'我'也即子一辈的叙述者马长安，第二重则是指马文昌、林春如以及肖芝兰这三位父一辈的叙述者"①。在这个意义上，我们或许可以说，小说中的复调特征，不仅表现在父亲、母亲、娘这一层面的讲述中，还表现在第四个讲述者"我"这一层面。马长安这一叙事视角的讲述部分，与前述三人一起，共同构成并置、对话的关系。可以说，这四个讲述者各自独立却又共同建构着有关20世纪中国的革命史。

关于《父亲和她们》的叙事手法，田中禾在接受采访时曾说："《父亲和她们》寄托了我对历史、人生更多的思考，同时，也在形式上进行了更多的有意识的探索。这个长篇看起来是我这十年当中写的，其实从酝酿到脱稿差不多有将近二十年了。故事早已想好，就是找不到一个好的形式去讲述它。1995年开始写，当时是一章一个叙述方式，一章一个不同的文本，写了二三十万字，其中一些章节已经当作中篇发表过，可整体上还是没找到感觉，就放下了。后来觉得还是要重写……我吸收了现代小说的多种表现手段，同时又照顾传统读者的阅读……如我所料，书出版后，它的叙事文本、结构手法成为文学界关注的焦点。山西大学的评论家王春林把它总结为双重后设结构，复调、多角度叙事。他对这部小说的叙事艺术论述得比较到位。"②从田中禾的自述可看出，《父亲和她们》的复调叙事手法，早已有雏形显露。至于田中禾对王春林小说批评话语的认可，所谓该小说是复调、多角度叙事，更是鲜明印证了前述论断。概而论之，2010年推出的长篇小说《父亲和她们》，充分吸收了西方现代手法，将小说以复调的形式呈现，展现出新世纪以来田中禾对小说叙事手法的关注与革新。

连缀式小说结构作为一种小说叙事传统，尤其是长篇小说叙事传统，曾出现在中西方古代长篇小说中。只是随着西方长篇小说的发展，

①　王春林. 知识分子、革命与二十世纪中国历史——评田中禾长篇小说《父亲和她们》[J]. 平顶山学院学报，2011(3).

②　苗梅玲. 在文本现场自由行走——田中禾访谈录[J]. 东京文学，2012(3).

这一叙事结构日渐式微并被其他叙事结构所替代。但是就中国长篇小说而言，连缀式小说结构不仅繁盛于明清，且对中国现当代小说也产生了重要影响，在这个意义上，它可以被视作中国长篇小说叙事传统结构的一种。具体来说，连缀式叙事结构萌芽于《初刻拍案惊奇》等话本，在这些话本小说中已经出现了故事并列、彼此独立的结构特征。后随着世代文人积累成书，到了明清之际，日渐发展出以《水浒传》《儒林外史》《西游记》《镜花缘》等为代表的连缀式结构的长篇小说。这些小说，其故事情节的发展，有的是由一个或几个主要角色的行动来串联，像是《西游记》，以唐僧四人西天取经为中心进行串联；有的则是由某个主题将它们统摄起来，各个故事的发展，是并列的、各自独立的，典型如《水浒传》的一百单八将义聚梁山泊。也就是说，《水浒传》中各个故事的发展，是彼此互相独立的，改变故事的先后顺序，并不影响整个小说情节的发展以及主题的彰显。鲁迅对《儒林外史》的评价，便是对这一小说结构的精准注解，所谓"全书无主干，仅驱使各种人物，行列而来，事与其来俱起，亦与其去俱讫，虽云长篇，颇同短制；但如集诸碎锦，合为帖子，虽非巨幅，而时见珍异，因亦娱心，使人刮目矣"①。概而论之，长篇小说中的连缀式叙事结构，共分两类：一类类似连环链条，前一个主人公的故事结尾会有后一个主人公出现，然后笔锋一转，开始后一个主人公的故事；另一类则由主要人物将故事串联起来，主要人物就像是串起珍珠项链的那根线，散乱的故事正是有了这些人物的串联而得以熠熠生辉。这样一种传统叙事结构，在田中禾笔下的小说《十七岁》《模糊》中有着鲜明体现。

小说《十七岁》加上"日记一则"这一小节，一共有十五小节。这十五小节看似连接紧密，其实各自可独立成节。调换其先后顺序，也并不影响整部小说主题内容的表达。具体来看，"日记一则"这一节以日记的形式记录了"我"的母亲去世后的丧事筹办情况以及"我"在母亲去世后的怅

---

① 鲁迅. 中国小说史略[M]. 北京：北京理工大学出版社，2020：177.

然若失。第一节的内容，诚如这一节的题目"木匠的女儿"揭示的那样，着意刻画了作为木匠女儿的"我"母亲。第二节讲述的是外祖父和外祖母在世时的情景，其小节题目"外祖父的棺材和外祖母的驴子"便是印证。第三节为"我"的大姐立传，"十七岁的杂货店小姐"写出了大姐的生命停留在了芳华正盛的年纪，年轻生命的陨落，让人心伤。之后的第四节到第十四节，依次为张二嫂、六姑娘、田琴、模糊、春梅等人物作传，这些人物或独立成一节，或两节并一节，"讲述"着他们的人生过往。这些人物与各个小节之间，彼此并没有十分鲜明的起承转合与逻辑勾连，第一节对"我"的母亲的介绍，也可以放到第五节，替换对张二嫂的介绍，或者放置到其他小节，替换其他内容。同样，其他小节的位置，亦可随意调换。在这个意义上，这些人物以及小节设置，是各自独立、互不干扰的，它们有着各自的独立性，并不随着外界其他因素的变化而变化。在这个意义上，《十七岁》这部小说可以被称作采用了连缀式的小说结构。整部小说没有十分明确的主要人物角色，"我""母亲""大姐""外祖父""外祖母""张二嫂""六姑娘"等，都不能统领全篇，成为统摄整部小说的主人公。整部小说情节或者说故事的发展，也并不依靠主要人物的行为、心理或其他因素去推动。各个小节之间没有明确的因果关联或起承转合，其更像是散落各处的人物小传，在作者田中禾的组织下，最终结构成篇。可以说，这些各自独立的小节设置，各个小节中为每个人物著书立传的努力，是作家田中禾对连缀式传统叙事结构的致敬与推崇。

至于小说《模糊》，也是采用了连缀式叙事结构对全篇进行勾连。只是与《十七岁》中各个部分相互独立不同，小说《模糊》采用的是第二种连缀方式，即主要人物以串珠式的方式，引领故事向前推进与发展。《模糊》整体来看，采用了大连缀加小连缀的叙事结构。先来看大连缀，也就是整部小说总共分为三大部分：第一部分是楔子，讲述了"我"收到包裹的经历；第二部分是"无名作者的无名书稿"，描述的是"我"阅读无名书稿的过程；第三部分是"寻访故事的主人公"，是"我"在读完无名书稿后奔赴新疆探寻模糊二哥张书铭（即"无名书稿"中的"章明"）人生经历的举动。《模糊》这部小说是以"我"收到书稿、阅读书稿、探寻书稿主人公为故事主线串联，以"我"为主要角色贯穿三个故事单元。正是有了"我"的阅读这一行为，以及受好奇心驱使的探访这一动作，才使得这三个各自独立部分能够串联起来，共同构成一个艺术整体。这是就小说《模糊》整体而言，如果将视线转向"无名作者的无名书稿"这一章，会发现其中也潜藏着连缀式的叙事结构。这一部分总共由七章构成，每一部分都是章明与一位女性的遭遇史。第一章写的是下放到乌鲁木齐的章明遇到宋丽英。第二章写章明遇到陈招娣，并导致其自杀。第三章则是写章明结束两地分居，与妻子李梅真正开始生活。这之后的章节，又写了章明遇到前来探望的宋丽英，二人终于缠绵，以及章明结识第二任妻子小六并与其生活。在这一部分里，章明在新疆这片土地上，遭遇并结识了一个个在他人生各个阶段中扮演着重要角色的女性。在这个意义上，小说中章明的经历，颇有《镜花缘》中唐敖遭遇十二名花的意味。而在走马灯、拉洋片式的场景人物转换后，章明在时代裹挟下的悲喜剧人生，也被完整呈现。在这个意义上，"无名作者的无名书稿"这一部分，正是以章明为核心人物，串联起了那么多性格迥异的女性，在章明与她们的遭遇中，呈现着个人的命运与时代的发展。因此，小说《模糊》不论是从大处着眼，还是从细节入手，都呈现出鲜明的连缀式叙事结构。

纵观新世纪以来作家田中禾的小说创作，不论是采用复调结构的《父亲和她们》，还是采用连缀结构的《十七岁》《模糊》，都是在叙事结构方面的尝试与探索，彰显着田中禾自我突破与超越的精神。而这样一种糅合了中国与西方、传统与现代的叙事手法，也真实呈现出作家田中禾在对传统进行创造性转化过程中的思索与努力。

第三节　纪实与虚构交织的模糊美学

模糊美学这一美学传统在古今中外美学史上可谓源远流长。古代中国的老子就曾言"大象无形""大音希声""道可道，非常道"，他以一种模糊语言，或者说连续性隐喻来表达事物无法言说这样一种模糊美。庄子也曾讲"象外之意""言不尽意"，就是说语言无法明确指称所见之象，应追求一种模糊美学。之后在《淮南子》《文心雕龙》《诗品》《沧浪诗话》等的不断完善下，模糊美学的内容也得以不断充实。至于西方美学，虽然以追求精确见长，但也还是出现了赫拉克利特的美的相对性理论、莱布尼茨的朦胧美感论，康德的"模糊认识""模糊概念"等。可以说，以美、美感和艺术的模糊性为研究对象的模糊美学，归根到底追求的是一种模糊美，① 所谓"羚羊挂角，无迹可求。故求其妙处透彻玲珑，不可凑泊，如空中之音，相中之色，水中之月，镜中之像，言有尽而意无穷"（严羽《沧浪诗话》）。而这与鲁迅式的战斗美学，所谓"真正的勇士，敢于直面惨淡的人生，敢于正视淋漓的鲜血"（《记念刘和珍君》），或是"站在沙漠上，看看飞沙走石，悲则大叫，愤则大骂"（《华盖集·题记》）的犀利泼辣，有着十分显著的差别。李泽厚在《中国近代思想史论》中曾指出，每个时代都有它自己中心的一环，在近代中国，这一环就是有关社会政治问题的讨论，燃眉之急的民族矛盾和阶级斗争，促使近代中国把注意力大多集中放在与当前急迫相关的社会政治问题的讨论以及实践中去。在此民族存亡的历史大背景下，任何价值不清、语意不明的话语为革命助力的可能性都是有限的，因此，在近代中国文学史上，以战斗、针砭、抨击、讽刺为艺术手段直面人生的小说文本，成为主流。这不仅指的是以鲁迅为首的"左联"团体创作的小说，像是茅盾《子夜》、巴金《家》、老舍《寒夜》、曹禺《雷雨》，还有 20 世纪 40 年代以讽刺、抨击黑暗现实为旨归的张天翼《华威先生》、沙汀《在其香居茶馆里》、艾芜《南行记》等。在中华人民共和国成立后，也出现了不少揭露现实的文学作品，如王蒙《组织部新来的青年人》、宗璞《红豆》、陆文夫《小巷深处》等。在今天，当"启蒙"与"救亡"的双重变奏已经转换，面对劫难下

① 王明居. 一项跨入新世纪的暧昧工程——谈模糊美学与模糊美[J]. 文学评论，2000（4）.

承受巨大命运不公的个人，我们仍可以选择以"我以我血荐轩辕"式的英雄主义书写历史，但同时我们也可以秉持这样一种英雄主义，那就是认识生活的真相后依然以平和之心爱它。也就是说，面对沉痛历史对个人的重压，我们可以选择以一种相对温和的方法处理历史与个人之间复杂、紧张的关系，而这正是作家田中禾在小说《模糊》中所想要宣扬的一种模糊美学范式。

　　小说《模糊》中有一处细节耐人寻味。"我"在寻找二哥的过程中，面对着海量的，甚至相互龃龉的言论，"我突然有一种强烈的失落感。我站在窗前，看着混沌的夜色，想起一位混沌学研究者提出的问题：'英国的海岸线有多长？'地理书上告诉我们的数字可靠吗？卫星拍摄的数据与一个人徒步行走，一只蜗牛沿海岸线爬行，谁看到的海岸线更接近真实？档案里的张书铭，我记忆里的张书铭，母亲心中的张书铭，李春梅眼里的张书铭，叶玉珍告诉孩子的张书铭，哪个更接近张书铭本人？正如混沌学家眼里的英国海岸线是一道无理数方程，真相的极致是无解，只有模糊数学能回答事物的本质。模糊，意味着对细节的忽略，意味着终极的无解"①。正是这段由模糊引发的感慨，直接促使"我"放弃了对二哥人生经历的追寻，而整个小说文本也由此戛然而止。毕竟，在此模糊美学或者说价值观的指引下，何为真实、何为虚构是无足轻重的，因为模糊是终极的无解，任何问题在模糊面前都无法解答，但是同时，模糊也是终极的有解，因为模糊，就是所有事物终极的答案。而这些"我"关于"模糊"的看法与感受，归根到底是作家田中禾想要在文本中传递出的价值取向与理念。可以说，这种对以模糊价值为表征的模糊美学的追求，是作家田中禾在小说《模糊》里竭力张扬的一种美学态度与风格。具体而言，这主要表现在两方面：一是小说《模糊》文本结构上的纪实与虚构的双重交织，二是小说《模糊》中人物形象上的纪实与虚构的双重交织。

---

　　① 田中禾.模糊[M].广州：花城出版社，2020：340-341.

先来看小说《模糊》文本结构上的模糊美学特征。《模糊》以"我"的二哥为故事主人公，书写了其因被错划为"右派"而遭受的苦难经历。如果参照田中禾的自我叙述，不难发现文本中"二哥"的原型，就是现实生活中作家田中禾的二哥张其瑞。据田中禾自己讲："其瑞二哥是新中国培养的第一批专科学校毕业生，当他满怀热情走向工作岗位，全家人捧着他从边疆寄回的照片沉浸在自豪与喜悦之中时，他却因爱好文学，参加同学组织的文学社，在'反胡风运动'中受到打击，不久之后被划为'右派'，开始了一生的沉沦和苦难。在他被送往南疆劳动改造的时候，他来不及向亲友告别，来不及给我写一封信，却把他珍爱的文学书籍打包寄给我。受二哥'右派'的影响，我走入人生低谷，在社会底层漂泊。二哥的书成为我流浪生涯里的精神港湾，在艰难岁月里，给我的心灵以滋养和安慰。书上留下的红蓝铅笔圈画的印迹让我触摸到二哥的心迹，激发我对文学的向往和崇敬。"[1]

如果从田中禾的创作经验出发，我们也不难辨认《模糊》中浮现着二哥张其端的身影。有学者就曾指出，已经问世的中篇小说《库尔喀拉之恋》，是田中禾后来面世的长篇小说《模糊》的节选，故事中的男主人公便是以现实生活中田中禾的二哥张其端为原型。[2] 挖掘小说主人公背后的人物原型，目的并不是从机械反映论或庸俗反映论出发，考察作家田中禾究竟在多大程度上忠实反映了现实生活，这一行为只是为了揭示这样一种现象：如果从小说中的"二哥"与现实中的"二哥"高度重合这一角度出发，也就是从纪实文学的角度出发进行考察，我们可以说，田中禾以书写报告文学的方式，结构了《模糊》这一文本。

《模糊》文本的第一章"来自库尔喀拉的邮包"，记录了"我"在收到无名邮包后的遭遇，包括"我"与"梭梭草"在博客与 QQ 等通信软件上的

---

① 田中禾. 因文学而幸福——《明天的太阳》代序[M]//田中禾. 明天的太阳. 郑州：河南人民出版社，2014：1.

② 张延文. 失语者的声音——评田中禾的《库尔喀拉之恋》[J]. 东京文学，2015(1).

交谈，以及促使"我"拆开这份邮包的直接原因等。文本的第二章"无名作者的无名书稿"，则是以忠实还原的姿态，复制、粘贴了"无名书稿"的全部内容。文本的第三章"寻访故事的主人公"，书写了"我"从中原出发，北上南疆，一路寻访二哥的经历。其中"故事外的故事"一节，交代了"我"为找寻二哥所作的准备，这里有救赎二哥、救赎自我的心理准备，也有确定寻访起点的现实准备。"积雪下的黑水"一节以对谈的形式，收集了董红旗的口述材料，间或穿插描写了维吾尔族老乡的热情、大漠边疆的雄浑壮丽。再之后"眺望之城"一节，不仅继续收集了董红旗的口述材料，而且罗列了诸多从《赵宛民回忆录》中获得的历史材料，像是《关于张书铭失踪的调查报告》《援疆十八团员合影》《学生入学花名册》，还有破旧的记账笔记本以及一堆旧书信等。最后"出生在荒漠路上的女孩"一节，在收录了二哥的妻子叶玉珍口述材料的同时，还呈现了他的四大卷人事档案材料，如小学、中学、交通学院的成绩单、操行评语、毕业鉴定、毕业证书、入团申请书、参加工作后的第一份自传等。论述至此不难看出，整部文本有着鲜明的报告文学样本形式，这不仅指的是文本中对各历史亲历者口述材料的呈现、历史史料的展览，而且指的是作者田中禾对发生事件的忠实记录并高度还原。而如果我们以标准的报告文学样式，为文本《模糊》的各章节重新命名、编写目录的话，整部文本报告文学的特质，更会一目了然。第一章"来自库尔喀拉的邮包"，可以称为"序场"；第二章"无名作者的无名书稿"可以被命名为"阅读无名书稿"；第三章"寻访故事的主人公"则可称之为"寻访"，其中第一节"故事外的故事"是"寻访的开始"，第二节"积雪下的黑水"是"第一次访谈及其记录"，第三节"眺望之城"是"二访第一个见证人董红旗"，第四节"出生在荒漠路上的女孩"是"寻访第二个见证人叶玉珍"以及"故事主人公的人事档案材料"。在这个意义上，我们可以说整部文本由"序场""阅读无名书稿""寻访"构成，文本的三个部分环环相扣，以报告文学的纪实样式结构全篇。

如果从作品的虚构角度出发，我们会发现作家田中禾同时以"野史杂传"的传统叙事方法，艺术化地结构小说文本。为民间人物著书立传的"野史杂传"，是中国文学史上重要的叙事传统。野史杂传不同于正史正传，它主要致力于打捞和捕捉遗失在民间的野生人物的灵魂，以传奇笔法结构小说，它区别于正史正传的严肃性与正统性，民间性与传奇性是其内在美学风格。野史杂传的叙事传统，在中国小说史上源远流长。较早如南朝刘义庆记叙志怪志人的《世说新语》，以传奇笔法勾勒民间人物的唐传奇《莺莺传》《霍小玉传》等，到了近代，更是有颇具现代风采的野史杂传，如鲁迅的《阿Q正传》、张爱玲的《金锁记》、孙犁的《铁木前传》、汪曾祺的《受戒》、王安忆的《长恨歌》等。作家田中禾在一次采访中也直言，在小说艺术风格的呈现上，他一直以饱含民间智慧的笔法进行叙事，诗意地展现个体的苦难人生。① 在这个意义上，作家田中禾也有意承续"野史杂传"的叙事传统，在小说《模糊》中用诗性笔法书写传奇。这突出表现在对二哥章明传奇人生的书写上。因为在校成绩优异，二哥章明被分配留在乌鲁木齐的厅级机关，意气风发的他，登红山、拉风琴，放声朗诵马雅可夫斯基，但是这位天之骄子因与人组织文学社，被下放至库尔喀拉这座边远小镇。在镇上，章明又接连因为"腐蚀女青年"，被下放至戈壁荒漠，接受劳动改造，直至被平反。表面上看，这样的人生经历与其他被错划为"右派"的知识分子并无二致，但是作家田中禾显然不满足于只用纪实笔法勾勒章明，他用传奇笔法、诗性叙事，讲述了困苦年代里章明的传奇人生。在初至库尔喀拉时，章明就彰显出不同一般的心态，他没有意志消沉，也没有自怨自艾，当站在维吾尔族老乡烤羊肉串的摊子前时，他用地道的维语讲"羊娃子嫩嫩的嘛，茶喝哈（下），馕吃哈（下），火墙热热的躺（哈）下"，而且感叹这样的生活"美着呢"。② 之后因与陈招娣深夜交谈而被审查的章明，在等待的日子

---

① 李勇，田中禾. 在人性的困境中发现价值与美——田中禾访谈录[J]. 小说评论，2012(2).

② 田中禾. 模糊[M]. 广州：花城出版社，2020：19.

里，心平气和地读完了普希金的两本诗，并默默背诵"什么都安静了，
只有月亮/高高的独个儿在天上/照着那静悄悄的营帐"①。在被下放到
人迹罕至的戈壁荒滩时，章明也能心眺远方，想象着眼前白房子背后的
白桦林，蓝天白云下的贝加尔湖，以及西伯利亚茂密的森林和鞑靼人村
庄里骠骑的炊烟。如果说这是作家田中禾有意以民族话语等诗性语言建
构小说的民间性与异域色彩，那么他对二哥章明与多位女性关系的描
写，则为章明的一生平添了诸多传奇色彩。在与宋丽英的两性关系中，
作家田中禾借宋丽英的口，不仅道出章明"天真单纯，幼稚狂热"的性格
特质，同时也指明宋丽英日后会为了这个男人"献出青春，心甘情愿地
堕落，毁了自己的一生"②。此种颇具传奇色彩的先验性话语，增强了
整部小说的魔幻感与超现实意味。至于章明与小六的两性关系，毋宁说
是性的传奇。只见过章明一面的小六，身上带着两个干馍，硬是从郑州
找到千里之外章明劳动的新疆连队。这之后不论是在章明干活时，被小
六叫回家"使使"，还是小六在灶台边擀面条时两人云雨，还是以性庆祝
从维吾尔族老乡那里弄来的羊肚子，随时随地、高频率的性，成为章明
与小六之间联系最为紧密的纽带，而这种"嗜性"，也凸显出了章明这一
人物的传奇性。整体而言，作家田中禾一面以报告文学的纪实手法，记
录了"我"寻访二哥张书铭的心路历程；一面又以野史杂传的虚构手法，
想象性建构了二哥章明的传奇人生。在纪实文本与虚构小说的虚实杂糅
中，作家田中禾为我们展示了一种书写历史的新经验与新方法。

如果说文本的虚实杂糅是作家田中禾从宏观角度建构的纪实与虚构
双重交织的美学，那么人物形象的虚实相映，则是他从微观角度对这一
美学风格的持续表现。就显性层面而言，这首先表现在小说中人物的虚
实相映。如小说中的"二哥"形象。读完小说后不难发现，整部小说里存
在着两个"二哥"形象：一个是"无名书稿"里虚构的二哥章明，另一个是

---

① 田中禾. 模糊[M]. 广州：花城出版社，2020：65.

② 田中禾. 模糊[M]. 广州：花城出版社，2020：52.

现实中"我"的二哥张书铭。如果按照小说中"我"的说法，读完书稿后的"我"，陷入深深的迷惑，因为这部书稿让"我"看到了亲人的影子，"虽然无名书稿的作者使用了文学笔法，虚构了场景和细节，但那人物的命运和个性特征，使我所熟悉的亲人跃然纸上，不能不触动我的情感，勾起我的回忆和联想……章明，使我看到了我二哥张书铭的一生如何被坎坷和苦难丰富，彰显出他走过人世的价值"①。也就是说，在"我"看来，"无名书稿"里的章明，让"我"想到了现实生活中"我"的二哥张书铭。在这个意义上，"无名书稿"里的章明形象显然是虚构的，出现在"我"的生活中的张书铭是真实的，虚构的章明与真实的张书铭在小说文本中虚实相映。又如小说中"二哥"的两位妻子形象。同样如小说中的"我"所言，"李梅，是我生活中第一位二嫂李春梅。她陪伴我度过了难忘的少年时代，留下了富于亲情的怀念；而小六（苗玉芳）的真实姓名叫叶玉珍……这个简单的女人，使我看到了人生的不可捉摸和命运的无法抗拒"②。也就是说，"无名书稿"里的李梅的原型，是现实生活里"我"的第一位二嫂李春梅，而"无名书稿"里小六的原型，则是"我"的第二位二嫂叶玉珍。在这个意义上，"无名书稿"里的李梅与小六是虚构的，小说《模糊》里的李春梅与叶玉珍是真实的，李梅与李春梅、小六与叶玉珍这两组人物形象同样构成了虚实相映的关系。依此逻辑推演，"无名书稿"里的宋丽英、老耿、陈招娣、车队孙师傅、关山、郭指导员等，也都各自映射着小说《模糊》里与"我"有着千丝万缕联系的现实生活中的人物。也就是说，章明与张书铭、李梅与李春梅、小六与叶玉珍等人物，在小说中一同以纪实与虚构双重交织的形象示人。概而论之，"无名书稿"中的虚构人物群像，和与"我"相关的真实人物群像，共同构成了小说中人物形象的虚实相映。

如果参照前文论述，将《模糊》视作是报告文学，那么不论是"无名

————————

① 田中禾. 模糊[M]. 广州：花城出版社，2020：231.

② 田中禾. 模糊[M]. 广州：花城出版社，2020：232.

书稿"中的章明，还是小说里的张书铭，在原型张其端面前，都是作为虚构形象出现，因为作家田中禾现实生活中的二哥张其端，才是真实的人物。在这个意义上，"无名书稿"里的章明、小说里的张书铭，同作为真实世界里张其端的虚构体，与张其端一道以虚实相映的人物形象，一同树立在《模糊》这一文本中。也就是说，人物形象的虚实相映更深层次的表现，就是文本中的虚构人物与现实世界的真实人物的虚实相映。进一步而言，如果联系到当代文学史上那些历经苦难的作家及其作品，会发现小说《模糊》里人物形象的虚实辉映，具有着更为丰富的内涵。在当代文学史的人物画廊上，曾经集中出现了一批虚实相映的人物形象——王蒙与其小说《杂色》中的主人公曹千里，张贤亮与其小说《绿化树》中的主人公章永璘，张承志与其小说《黑骏马》中的主人公白音宝力格——这些作者与其笔下的人物之间，均存在着虚实相映的关系。这里并不是说一个作家笔下作品主人公的形象命运和他本人的形象命运之间，必然要画等号，但是，"这些描写毕竟是他本人思维的产物，所以，作家本人的身世往往会在他笔下的人物身上找到某些痕迹来，这倒是不容忽视的参照系"[1]。在这个意义上，章明、张书铭与张其端之间虚实相映的人物关系，接续了文学史上人物虚实相映这一美学传统。也是在这个意义上，小说《模糊》中人物形象的虚实相映，不仅使得那些经典文学人物穿越时间的长河，"流动"起来，而且章明、张书铭等人物形象也在无数文学经典的"再生产"机制下，越发显得内涵厚重。

就隐性层面而言，小说《模糊》中宋丽英与章明的人物形象及两性关系，与屠格涅夫小说《初恋》中齐娜伊达与符拉基米尔·彼德罗维奇的人物形象与两性关系一样，同样具备纪实与虚构双重交织的美学特征。屠格涅夫小说《初恋》讲述了少年符拉基米尔·彼德罗维奇与初恋齐娜伊达相遇、相识后又决裂的过程，如小说名字一样，这是一个有关十六岁花季少年的初恋故事。在小说《模糊》中，初恋故事的主人公由彼德罗维奇

---

① 舒乙. 老舍先生[M]. 北京：中国青年出版社，2016：336.

变成了宋丽英，以宋丽英的视角，作家田中禾结构了宋丽英与章明纠缠悱恻的爱情故事。在这个意义上，两组人物形象已然构成互文性对照关系。而且，在小说《模糊》中作家田中禾也多次点明这一点。如当宋丽英脑海中闪现章明那健康的身体、潇洒的脸庞时，她不禁以小说《初恋》中齐娜伊达的话语发出感慨："我只要一看到他那聪慧、俊秀、快乐的脸……我的心就会战栗起来，我的全部身心都会向往着他"①。而且在小说第五章，作家田中禾不仅将宋丽英直接指作"齐娜伊达的鬼魂"，当宋丽英辗转难眠，深陷内心苦闷情绪时，田中禾更是安排齐娜伊达从小说《初恋》中走出来，劝诫宋丽英要争取与章明的关系："宋丽英！你已经错过了一个人，害了这个人，你不能再错嫁一个人，甘愿把自己毁了。"②在这个意义上，作为齐娜伊达鬼魂存在的宋丽英，与小说《初恋》里的齐娜伊达共同构成了人物形象的虚实相映。也是依照同样的逻辑推演，章明与《初恋》中男主人公彼德罗维奇也构成了人物形象的虚实相映。

　　近年来，纪实文学或者说"非虚构"文学大行其道，典型如梁鸿的《出梁庄记》、黄灯的《一个农村儿媳眼中的乡村图景》、慕容雪村的《中国，少了一味药》、韩石山的《既贱且辱此一生》、李晏的《当戏已成往事》、萧相风的《词典：南方工业生活》等，《人民文学》《钟山》《中国作家》等杂志也开辟专栏刊载"非虚构"文学作品。有学者据此指出，这样一种"非虚构"的话语建构，是针对流弊已久的"虚构"的、"纯文学"的"传统"和"范式"而提出的一种可能性方案。③此种方案，它强调写作主体的"在场"和"行动"，强调写作主体要走进现实、深入现实并体验现实，表达写作主体对现实生活的考察，并最终以纪实性笔法暴露当下生活的诸多问题。可以说，这样一种"写作浪潮"，部分弥补了当代文学在

①　田中禾. 模糊[M]. 广州：花城出版社，2020：53.
②　田中禾. 模糊[M]. 广州：花城出版社，2020：157.
③　李祖德. "非虚构"的踪迹、可能性与问题[J]. 文艺评论，2017(5).

面对现实问题时的失语与尴尬，但是，"非虚构"文学过分忠于现实、不加节制、不经提纯地"复制"现实，却也部分消解着现实主义文学艺术化表现现实的内涵。另一方面，在文学市场上，与纪实文学或"非虚构"文学相抗衡的，是虚构性的网络文学，穿越、玄幻甚至架空，是其典型表现形式。可以说，此种虚构文学对历史、现实的"逃逸"，也暴露出其在思想观念与美学风格方面的贫瘠。究竟如何处理文学作品中纪实与虚构的问题，王德威在点评王安忆的《纪实与虚构》时，有段经典的话："写实与寓言，纪实与虚构之间的繁复对话关系从来就是王安忆创作关心的主题……早在一九九三年，王安忆就以小说《纪实与虚构》和盘托出她对小说创作的看法……对王而言，写作《纪实与虚构》的过程，每一次下笔都是与'虚构'亦步亦趋的纠缠，也是与'真实'短兵相接的碰撞。两者之间互为表里，最终形成的虚构也就是纪实。"①归根结底，文学作品中的纪实与虚构，从来都是"你中有我，我中有你"，两者互为表里，互相渗透。在这个意义上，作家田中禾通过小说《模糊》为我们不仅提供了一个处理纪实与虚构关系的文本，而且提供了一种处理历史、表达自我的角度与方法。也是在这个意义上，这样一种纪实与虚构交织的模糊美学写作特征，立足当下文学现场，体现出对传统小说写作范式的思考，是对传统小说美学特征的一种创新性发展。

---

① 王德威. 虚构与纪实——王安忆的《天香》[J]. 扬子江评论，2011（2）.

第 二 章

史诗和抒情传统的当代融合：
李佩甫小说创作论

在一众"50后"作家中，李佩甫在小说创作方面是较为独特的。因为他自始至终都是将自己关注的视角放置在中原大地，用现实主义笔法书写千年来中原人民的悲欢离合。没有华丽的技巧、没有标新立异，只有老老实实、勤勤恳恳的创作态度。在他笔耕不辍的四十余年写作生涯中，他留下了490万字的文字，共15卷的《李佩甫文集》。这些文字，见证了他漫长而又辉煌的文学生涯。

2012年，作家出版社出版了李佩甫的小说《生命册》。在小说腰封上，写着"著名作家李佩甫《羊的门》之后'平原三部曲'巅峰收官之作"。自此，"平原三部曲"被用来指称李佩甫创作的《羊的门》《城的灯》《生命册》三部小说。《羊的门》最早在1999年出版，《城的灯》和《生命册》都出版在新世纪之后。鉴于"平原三部曲"三部小说作品主题的连贯性、美学风格的一致性、批评家视野内的整体性，因此说本章在论述新世纪以来的李佩甫小说创作时，还是将1999年出版的《羊的门》纳入进来并做重点阐释。

《羊的门》立足豫中平原呼家堡，以当家人呼天成为核心，展现了浸润传统儒家文化至深的当代乡村社会图景。《城的灯》则是背靠农村，以进城农民冯家昌为主要视角，展现了当代都市生活的纷繁。至于《生命册》，则将城市与农村并置，在双线叙事中展现着城乡夹缝中的现代人的游魂。在这个意义上，"平原三部曲"以现实主义手法展现了改革开放后中国当代社会波澜壮阔的历史，着力呈现了城市、乡村以及城乡之间的当代人的困境与挣扎。也是在这个意义上，"平原三部曲"忠诚营造了一幅城乡现实图景。但是，在此现实主义风格下，李佩甫的"平原三部曲"中还呈现出了异常鲜明的抒情话语特质。不论是小说中意象的诗意化，还是风景的情感化，都展现出"平原三部曲"对抒情美学，或者说抒情话语的再造。由此可以说，新世纪以来的李佩甫小说创作，实现了史诗叙事和抒情话语的有效融合。一般意义上，抒情与史诗是一组张力结构，二者有着各自的内涵与外延，二者似乎格格不入。但是李佩甫的"平原三部曲"成功印证了抒情话语与史诗话语融合的可能性。来自中华优秀传统文化的抒情传统和史诗传统，在"平原三部曲"内的有效结合，体现了李佩甫对传统进行创造性转化、创新性发展的努力。作为"绵羊地里的寻根人"①，李佩甫扎根中原乡土，书写了新世纪以来中国式现代化的中原表达。

第一节　"平原三部曲"的城乡现实图景

李佩甫是土生土长的河南作家，他坚定地将自己的文学笔触伸向乡村，关注城乡二元对立下当代农民的生活状态与精神境况，由此造就了代表他重要文学成就的"平原三部曲"。"平原三部曲"将关注的重点放置在农村、农民以及与其并置的农民视角下的城市。《羊的门》展现了呼家堡改革开放四十年来的历史变迁，《城的灯》展现了上梁村在冯家昌进城后的日渐破败与不堪，《生命册》则展现了城市与乡村并置视角下无梁村令人唏嘘的艰难求索与蜕变。换句话说，《羊的门》主要展现了当代农村生活情景，《城的灯》则主要书写了当代都市生活状况，至于《生命册》，是以城乡二元并置的视角，平行地书写了当代城市与乡村的实际情况。在这个意义上，李佩甫为我们多角度、多方位、立体地展现了城乡二元

---

① 舒晋瑜. 李佩甫：绵羊地里的寻根人[N]. 中华读书报，2020-11-25.

视角下，改革开放四十年来农村、城市波澜壮阔的发展史，"平原三部曲"堪称当代史诗巨著。

一、这是块浸润儒家文化最深的"绵羊地"

中国因其幅员辽阔的地理环境，造就了迥异的自然地理风景。以表现现实为根基的文学作品，由此也形成了独特的地域气质。如鲁迅的"未庄"，是知识分子批判视角下的落后村庄，但同时也散发着柔美的江南水乡气息。又如沈从文的"边城"，有着自然淳朴的民风民景。还有赵树理的乡村世界，里面充满了社会主义新人的喜气洋洋。至于当代以来，我们还领略了莫言的"高密东北乡"、贾平凹的"商州"、刘震云的"延津"、毕飞宇的苏北水乡、迟子建的冰雪北国、阿来的嘉绒藏区等。经过多年对中原文化的深耕与书写，李佩甫也建立了自己的文学地理版图，那就是以豫中平原为核心，以呼家堡、无梁村等村庄为依托的"绵羊地"乡村世界。这块"绵羊地"迥异于文学地理版图中的其他"风景"。因为它浸润了最深的儒家文化，在传统儒家伦理的辐射下，这块土地上展现了人民在权力场域内的周旋，对以"关系"为代表的人情社会的痴迷或拒绝，以及基于儒家传统文化的听话与顺从。

2023年，在第二届岳麓书会"七进"系列活动分享会现场，作家李佩甫谈到了小说《羊的门》的创作动机。在他看来，"写这个长篇时，我认为中原这块土地是一块'绵羊地'。""中原这片土地上的人，是最听话，最老实的人，中原文化，是最含蓄、最包容，也最具感化力的文化。"①其实，小说《羊的门》最初的名字就是"绵羊地"。据《羊的门》初版责任编辑高苏所说：1998年的一天，"就在佩甫家，他告诉我正在写一部长篇《绵羊地》，是关于一个做了四十年村支书的强人故事……1999年春末，佩甫叫我去：《羊的门》收工了！我看罢稿子，感到是佩甫这些年对

---

① 刘瀚潞.一幅生动厚重的文学地图——《文学里的村庄》大型融媒体报道引发热议[N].湖南日报，2023-10-30.

中国乡农文化深刻思考的集大成之作，是部思想开阔、力道遒劲的大作品，无论在文学界还是图书市场上，都将产生深刻的影响"①。编辑高苏虽然在自述中没有仔细阐释辨别二者命名的关系，但是可以看出，李佩甫最早对小说的命名就是《绵羊地》。如果再看到小说《羊的门》中出现多次的"绵羊地"的表述，我们可以说，《羊的门》这部小说，便是李佩甫"绵羊地"地理版图的最典型存在。以小说《羊的门》为切口，我们可以窥见这块浸润儒家文化最深的中原大地的过去与现在、历史与当下负重前行的艰难。而如果将这块"绵羊地"视作中国改革开放的微缩窗口，我们会由此窥见四十年来中国改革开放取得的不易成果、人民付出的艰辛努力。

首先，小说《羊的门》展现了中国传统儒家文化中典型的人情社会特征。不可否认的是，传统儒家文化浸润的古代中国社会，是一个人情社会。就如著名学者费孝通在《乡土中国》中所说，血缘家族是中国传统社会中最基础的单元，并由此形成了一个熟人社会或者说人情社会。古代中国社会中人与人之间的关系亲属，就如同一颗小石子投入水中泛起的涟漪。那些离小石子近的涟漪，小石子与其关系自然紧密；那些离小石子距离远的涟漪，小石子和它的关系就远些。而判断这样一种距离远近的，便是血缘。血缘家族便也由此形成。可以说，传统中国社会的每一个小乡村，基本都是一个大姓，村里生活的都是在血缘上或多或少有着联系的亲戚。这种由血缘关系建立的宗族、乡村制度，必然导致人与人之间的治理靠的是关系与人情。也就是说，在人情社会中，"生活各方面，人和人的关系，都有着一定规则。行为者对于这些规则从小就熟习、不问理由而认为是当然的。长期的教育已把外在的规则化成了内在的习惯。"②这种基于人情的统治制度，以及由此形成的人情社会关系

---

①　高苏.《羊的门》组稿、出版始末[M]//李佩甫. 羊的门. 北京：华夏出版社，2017：322.

②　费孝通. 乡土中国[M]. 北京：生活·读书·新知三联书店，1985：55.

网，在小说《羊的门》中有诸多表现。最典型便体现在呼家堡当家人呼天成上。

掌舵呼家堡四十年之久的呼天成，被村民、县长乃至省城高官，甚至京城官员都视作是有能量的人。这种能量，自然指的是他能"上达天听"、有覆盖全国的关系网。这在小说中有多处表现。首先是呼天成六十大寿时，来的有省城报社副总编冯云山、省银行行长范炳臣、市工商局副局长老刘等。他们争相前来给老寿星呼伯贺寿。场面十分壮观：

> 渐渐地，车越来越多。多得连过往的路人都惊诧了。只见先后有二十几辆高级豪华的轿车停在村外的路边上，排起了一个长长的耀人眼目的车队。从车上走下来的人一个个气宇不凡，他们相互打着招呼，手里提着礼品，大步走着。有人一边走一边说："不知老头见不见咱们？"有人摇摇头，说："不会见。老头既然发话了，他说不见就不见。"还有人说："老头六十大寿，不见也得来呀！"有人说："那是，那是。"①

这些已经身居省市各部门要职的官员，前来贺寿时尚且拿不定主意老寿星呼伯是否出来见他们一面，由此可见呼天成背后的关系网之大、之广。最后，呼天成一个人也没有见，他们在酒足饭饱后，无奈只能打道回府。曹雪芹在《红楼梦》里用"未见其人，先闻其声"的笔法写王熙凤的出场，着重表现她的性格特质。小说《羊的门》对呼天成的出场安排，其实有异曲同工之妙。对呼天成，大家也是"未见其人"，先闻周围大人物对其评价，着重突出其纷繁复杂的关系网这一核心特征。如果说这些省市以及要职部门的领导，在呼天成的关系网中尚且排不上号的话，那么那位老秋，可以说真正证明了呼天成的能量。

早在老秋作为下派干部来到呼家堡之初，呼天成就开始经营他和老

---

① 李佩甫. 羊的门[M]. 北京：作家出版社，2022：46.

秋的关系。在老秋离开呼家堡的时候，他递过去一个破手巾兜，里面包着能救人一命的五个鸡蛋。之后，在特殊时期，呼天成偷偷地把老秋从省城背回来。这时候的老秋的腰已经被人打断了，是呼天成将老秋养在自己的后院里，直到老秋被平反。最终老秋也不负呼天成之望，成为大领导。对老秋的人脉关系的经营，呼天成后来"发现他背回来的不仅仅是一个人，那是一笔巨大的'财富'。这笔'财富'首先是精神的，其次才是物质的。那是一个巨大的有放射力的'磁场'！他知道，人是活'场'的。一个人的磁力越强，场的放射力就越大。在这里，老秋可以说是代表着一个省的'场'啊！"①。其实这里的"场"，指的就是人际关系的经营，是由人的关系而建立的场域。而呼天成对人际关系的经营，除了上述提到的位高权重的人物之外，还有年轻人。多少年来，经他之手，培养了无数的人才，在省市县三级干部中，有一大批人才都是他一手托出来的。可以说，呼天成对人际关系的"'经营'方略是长远的，他不是一天两天，一年两年，他是几十年一贯如此。这是一种感情方面的长期种植，他甚至不要求回报。只要他看中了你，只要他认为你是'朋友'、是'人才'，那么他在感情上的栽种就是长期的，始终如一"②。

"在亲密的血缘社会中商业是不能存在的。这并不是说这种社会不发生交易，而是说他们的交易是以人情来维持的，是相互馈赠的方式。"③呼天成正是靠着这种传统人情社会的逻辑，用他的带有感情的小米、小磨香油，经营出了自己的人际关系网，体现了传统儒家文化中典型的人情关系特征。

其次，小说《羊的门》中展现了中国传统儒家文化中典型的权力社会特征。中原文化有着异常突出的官本位文化特征。"以官为尊、以官为荣，把全部的人生价值都围绕着做官这个轴心运作，在河南社会从上到

---

① 李佩甫. 羊的门[M]. 北京：作家出版社，2022：330.
② 李佩甫. 羊的门[M]. 北京：作家出版社，2022：329.
③ 费孝通. 乡土中国[M]. 北京：生活·读书·新知三联书店，1985：76.

下有着根深蒂固的心理基础。"①刘震云曾说:"我的故乡很看不起我,他们以为我出门忙活多年,该混个脸面回去。谁知混了半天,只混了个'青年作家'。我们的国度混得好不好,是和地位连在一起的,地位是一切身份。个人价值与身份,少有联系,而地位的高低,是和做没做'官',这个'官'做到多大连在一起的。"②作家刘震云的这番话,印证了中原人民官本位的文化思想,而由河南推及至全国的"官"与地位的关系,则也直接说明了以官本位思想为突出表现的中国儒家传统社会的权力崇拜特征。这在小说《羊的门》中典型表现为政治权力崇拜。可以说,政治权力崇拜散落在小说的各个角落。如县委书记王华欣在坚持"一号车"先走这一件事上,就典型体现出了人们对政治权力的崇拜。一次饭局后,酒醉的王华欣和县妇联主任多说了几句,以呼国庆为首的领导班子就先行坐车离开了。酒醒后发现下属都已经开溜的王华欣,坐上专车,命令自己的司机快点儿开,一定要追上前面已经走掉的班子成员的汽车。在截停车辆后,王华欣"从车上跳下来,也不管什么交通秩序,三步两步跑到呼国庆的车前,对着司机厉声喝道:'谁让你走的?谁让你走的?!你是一号车?!……'"③自此之后,每次呼国庆要坐车走之前,总是要询问一句县委书记的"一号车"是否已经走了。如果已经走了,呼国庆就会说那就走吧,如果还没有,呼国庆就会说那再等等。慢慢地,这样一种"一号车"先走的风气,在整个县委大院弥漫开来。风起于青萍之末,这种"一号车"先走的风气,对权力的崇拜,正是在那次饭局后表现日臻明显。而人们对王华欣手中权力的崇拜,还表现在日常工作的方方面面。像是会议室里原本椅子的颜色都是一样的,可突然有一天,椅子全换了。王华欣坐的椅子换成了皮转椅,其他位置的全部换成了折叠椅,虽然都是黑色的,但是还是显示出了县委书记王华欣的特殊

---

① 田娜. 当代河南作家的乡村权力书写[D]. 暨南大学,2008:7.
② 田娜. 当代河南作家的乡村权力书写[D]. 暨南大学,2008:8.
③ 李佩甫. 羊的门[M]. 北京:作家出版社,2022:33.

性。不难想象，这背后肯定有对其手中掌握的权力的谄媚与讨好。

当然了，人们崇拜的政治权力，永远是权力本身，而非掌握这个权力的个人。这也是为什么王华欣在从县委书记的位置上被排挤下来之后，大家在县委大院中看见他都对其视若无睹。自从呼国庆通过手段坐上县委书记的位子后，普罗大众延续着他们的权力崇拜。这首先戏剧性地表现在"一号车"的使用上，当得知呼国庆被任命为县委书记时，县委办公室主任立马就把"一号车"派出来，让呼国庆书记坐这辆车。而呼国庆为了保住自己的县委书记一职，真可谓费尽脑汁。为此他不惜舍掉自己的情人，主动与妻子重修旧好，只为了不让人抓住自己的把柄。之后，他还主动找到构陷自己的范骡子，通过安排其进烟草公司而让这一工作中的对立者变成支持者。这就正如费孝通在《中国绅士》一书中所给出的判断："在传统的模式里，既得利益者没有改进生产的愿望，而只是想巩固他们的特权。他们的主要任务是使传统规则永久化。"①作为浸润传统儒家文化最深的乡村权力崇拜，在李佩甫小说《羊的门》中再次得到了深刻表现。

第三，小说《羊的门》中展现了中国传统儒家文化中人民的顺从性这一特征。关于中国人民的顺从性特质，早在 20 世纪初就有有识之士指出。在当时新旧交替的语境中，关于这一特质，学者更多是站在批判性视角进行审视。如在 1901 年 6 月 10 日刊发的《国民报》第二期上，有篇《说国民》的文章，便是针砭时弊地抨击中国人民的顺从特质。在这篇文章看来，"全由于专制制度的压迫，使得'中国国民之种子绝，即中国人求为国民之心死'，祖祖辈辈信守'安分''顺从'，'卒举国之人而无一人不为奴隶，即举国之人而无一可为国民。'"②1907 年，鲁迅在他撰写的《摩罗诗力说》中也有相似表述。在他看来，"对中国封建社会产生了

---

① 费孝通. 中国绅士[M]. 惠海鸣，译. 北京：中国社会科学出版社，2006：43.

② 转引自万晓高. 悲剧性美学[M]. 天津：南开大学出版社，2021：364.

深远影响的首推《道德经》，其要义在'不撄人心'，受其影响，'中国之治，理想在不撄'，于是国人'必先自致槁木之心'，各种'撄人'之声被扑灭，'平和'之声充满社会。诗歌史上也多'顺世和乐'之音而少'争天抗俗'之声，即使偶有像屈原《离骚》这样的'放言无惮，为前人所不敢言'之作，虽无'反抗挑战'之心，居然也难有呼应者，结果是'孤伟自死，社会亦然'"①。百年前的中国，积贫积弱，当时的中国知识分子迫切想要找到一种理论或者方法，来救赎深陷落后境地的中国。因此，在学习西方器物失败、制度失败之后，他们转而开始进行文化批判。在这样的语境中，传统儒家文化中顺从的人民的特质，被更多地指摘为负面性、批判性的特质。百年后的今天，我们已经能够用辩证的眼光看待这一精神特质。也诚如学者舒晋瑜所说："河南是中华民族的重要发祥地，这里的人民勤劳勇敢，最大的优点一个是忍，另一个是韧，这些在他的作品里有充分表现。"②其中的"忍"，更大程度上指的就是人民的顺从。

人民的顺从，表现在小说《羊的门》中的方方面面。如在三十六年前的那个黄昏，呼天成利用人民的顺从，终于当上了名副其实的村支书。在那个年代，村里人总是吃不饱饭，总是觉得饿，为了解决肚子问题，就经常有村民去地里偷红薯、偷玉米。在这种情况愈演愈烈的情况下，一个秋日的黄昏，呼天成站在村口，通过贬斥那些偷东西的人为小偷，贬低他们的人格自尊，撕掉农村人最看重的脸面，再利用他们的顺从，最终建立了自己的权力王国。那三个脖子上挂着偷来的东西的村民，是一种象征，更是一种警醒，提醒着后来的村民不要再偷村里的东西。而其他大批的村民面对此情景，可以有很多选择：比如反抗，比如无视，但是他们却不约而同地选择了顺从。小说里关于这一场景，有着震撼人心的展示：

---

① 转引自万晓高. 悲剧性美学 [M]. 天津：南开大学出版社，2021：364.
② 舒晋瑜. 李佩甫：绵羊地里的寻根人 [N]. 中华读书报，2020-11-25.

在夕阳的余晖下，只见下工的村人们全都在村口前的土地上立着。几百口人哪，男男女女，老老少少，一个个正向村口走来，他们走到村口处都自动地站下了，没有人再往前走了，人们木然地站在那里，望着那脖子上挂有"赃物"的三个人。那脸像墙一样，一排一排地竖在那里，竖出了一片灰黄色的狼一样的沉默！①

能组成一面墙的人，被村支书呼天成震慑住了。他们惧怕自己腰间偷来的粮食也被搜查出来，他们惧怕自己的脸面也被拿出来丢在地上。集体性地逃脱又能怎样？不也是保全了自己的脸面？他们中竟然没有一个站出来，去质疑这样一种"示众"是否合理。他们也没有思考过，这样的"示众"，究竟是真心为了他们自己好，还是只是呼天成为了自己的集权统治而铺路？最终，他们集体性地选择了沉默，内心的顺从，让他们最终臣服于权威。但是，呼天成的个人权威，永远是变本加厉的。有了第一次顺从，就会有第二次，第三次，更多次。最终，在村民无条件的顺从下，呼天成在呼家堡建立了自己的权力自治。在地上修建新村，在地下也修建新村，村民生前、死后都要接受他整齐划一的权力统治。地上的村民，最终从人变成狗，他们甚至学狗叫取悦呼天成。地下的村民，也用自己的墓碑编号，致敬着地上呼天成的统治。

二、城的灯，没有"心"②

中国庞大的农民人口基础，决定了农民农村问题始终是国家关注的重要议题。中国现代化进程中的一个十分重要的议题，便是让这数亿农民过上现代化的生活，摆脱先前贫困、落后的生活面貌。新世纪以来，党和国家提出的脱贫攻坚计划、新农村建设，都是旨在通过农

---

① 李佩甫. 羊的门［M］. 北京：作家出版社，2022：72.
② 本节部分观点参考无敌樱熊在豆瓣读书的评论《城里有灯　没有心——〈城的灯〉读后感》，在此致谢。

村经济发展，实现乡村的全面振兴，最终实现人民安居乐业的美好愿景。在乡村振兴战略的指引下，新世纪以来的中国农村建设取得了举世瞩目的成就，数亿农民摆脱贫困，迈向共同富裕。在物质极大富足的同时，农民却也面临着日益增长的美好生活需要和不平衡、不充分的发展之间的矛盾。这突出表现在部分农民进城后精神的困惑与迷失。面对这一生活中存在的现实问题，作家李佩甫从现实主义创作角度出发，在小说《城的灯》中着力展现了农民冯家昌在进城、扎根城市过程中灵魂的丧失。李佩甫希望通过小说展现改革开放四十年来的城乡现实图景。

"城的灯"是小说《城的灯》的核心意象。这一意象象征着农民冯家昌对城市的向往，对城市现代化生活的憧憬，以及想要把"城市人"这三个字刻进自己基因的愿望。因此说，在最初进城的冯家昌眼里，城的灯是照亮他在城市里行走的明灯。城里的灯，寓意着暗夜里的光，照亮他在城市前行的道路。但是，随着他对城市了解的加深，他开始意识到城的灯，确实照亮了他进入城市的路，但是这样的灯，却是没有灯芯的。前进的路是明亮的，城市以她表面的热情欢迎着冯家昌，但是当他无限接近灯源，却发现城市是没有心的。而且城市还不断地向冯家昌索要他的心，那颗交给省长女儿李冬冬的"爱"心，那颗交给连长的"尊严"心，那颗交给首长的"骨气"心……失去了"心"的冯家昌，沦为行尸走肉，也在这个意义上，和没有"心"的城市结成最亲密的伙伴，他也终于变成了他梦寐以求的、真正意义上的城里人。

冯家昌是坐闷罐子车进城的，他最先感受到的便是城市的灯光。小说里是这么描述的：

> 那就叫"城市"吗？
>
> 当眼前出现一片灯火的时候，他问自己，这就是城市？！
>
> 坐在一列闷罐子车上，走走停停的，咣当了大半个夜，把月亮都"咣当"碎了的时候，冯家昌终于看到了连成片的灯光！那灯光像

海一样广阔(其实，他并没有见过海)，亮着一汪儿一汪儿的金子一般的芒儿……①

城市在农村面前的强势，很多时候并不是由一些宏大话语决定的，更多表现在一些日常生活细微处。如改革开放之初"漏斗户"陈奂生进城，痴迷于招待所里的弹簧沙发；高加林进城，看到的是"高级的"点心与酥饼。甚至连城市人家里的一尘不染，对刚进城的农村人而言，都传递着一种高级与优越。这些在城市人看来再稀松平常不过的生活，在刚进城的农民那里完全是一种异质化存在，而且，更大意义上是一种优越于农村生活的高级化存在。毕竟在城乡二元对立的许多年里，城市已经完成了自己现代化的原始积累，而农村的现代化道路才刚刚开始。所以，冯家昌在坐着闷罐子车进城的时候，首先看到并震惊于城里的灯光，也就不足为奇了。因为在他蜗居农村的几多年里，他所生活的农村夜晚是没有灯光的。农村没有所谓的"夜生活"，因为太阳落山、月亮爬上枝头以后，各家各户都闭门睡觉了，所以农村的夜晚很长，只有间或响起的狗叫提醒着大家有人回来了。冯家昌眼里的农村夜晚，是月亮荫蔽下的模糊、昏暗、带有点儿暧昧的。"头顶上的月光昏昏暗暗的，那月一晕一晕地在云层里走，就像是一块被黄水淹过的西瓜。"②这样的夜晚，是独属于乡村的，是独属于未进城的冯家昌的。乡村夜晚的美，是站在城市化角度、见识了城市夜晚喧嚣和嘈杂后想要回归的原始美。对渴望融入城市、过上城市人生活的冯家昌而言，这是可以马上抛弃的、不值一提的。在城市的灯光的指引下，冯家昌开始了他一步一步融入城市、扎根城市的艰难生活。冯家昌在进入部队后，为了追求进步，大冬天穿着单衣单裤跑步五公里。尔后再悄悄回班里，戴上棉帽，穿上棉衣棉裤，去写黑板报。如愿提干后，他向同寝室的"小佛脸儿"讨教在机关

---

① 李佩甫. 城的灯[M]. 北京：作家出版社，2009：41.
② 李佩甫. 城的灯[M]. 北京：作家出版社，2009：33.

大楼生存的智慧。在遇到周主任老婆的亲侄女儿李冬冬后，终于决定出卖自己，通过婚姻的方式，扎根城市。婚后的冯家昌，也没有丝毫懈怠，继续通过自己的人脉关系，陆陆续续将自己的三个兄弟都从农村"捞"了出来。当他的三个兄弟都成为城里人的时候，他觉得自己的使命终于完成了。在他一步步带领家族进入城市的过程中，城里的灯光在他眼中也不断变化。小说里有一处对此的典型表现。冯家昌在进入军区大院后，借着夜色，他一步步走进了廖副参谋长的办公室。"那张黑色的大办公桌漆光凌厉，像卧虎一样立在他的眼前。慌乱之间，他回手在墙上摸到了开关，'嗒'一声，灯亮了，他长长地嘘了一口气，一切都变得温和多了。"①冯家昌以为办公室的灯亮了，是指引他打扫廖副参谋长办公室，但是被叱责之后他才明白，做秘书的首要法则是隐身。在这个意义上再来看这时的灯光，城里的灯光，便有了一层对冯家昌的戏弄之色。这之后随着冯家昌一步步向上走，城市的灯光日渐稀疏，村里的月光却常常浮现。在接受了李冬冬的爱意后，冯家昌想到了往日"带干草味的月光"②。在兄弟四个面前直言要背叛香姑的那晚，"草场上静静的，月光晦晦的，人陷在一片蒙昧之中"③。城里灯光的日渐褪去，村里月光的浮上心头，预示着冯家昌进城过程中灵魂的逐渐丧失。在小说中，这也表现在冯家昌一步一步向城市交出自己的"心"这一方面。

关于交"心"的过程，小说里有一处震撼人心的描写。营长告诉冯家昌，如果想要进步、想要提干，就要交出自己的"心"。当天晚上，冯家昌就做了一个梦：

> 那个夜晚他想了很多，他一遍一遍地告诫自己，交心，要交心……后来，在梦里，他看见自己双手捧着一颗心飘飘忽忽地向台

① 李佩甫. 城的灯[M]. 北京：作家出版社，2009：62.
② 李佩甫. 城的灯[M]. 北京：作家出版社，2009：80.
③ 李佩甫. 城的灯[M]. 北京：作家出版社，2009：167.

上走去。那心红鲜鲜的，一蹦一蹦地跳着，就像是一枚刚刚摘下的大红桃！突然之间，那心就裂开了，它居然变成了一牙儿一牙儿的西瓜，水嫩嫩沙淋淋的红壤西瓜……这时候，他竟然想到了苍蝇。他心里说，万一有蝇子怎么办？得找一个纱罩把"心"罩上。于是他就到处去找纱罩……在梦里，他想，心是不能馊的，心一馊就没人要了。①

这个由捧着一颗心的意象组成的梦境，让人觉得阴森恐怖。虽然里面有"红鲜鲜的""一蹦一蹦地跳着""大红桃""西瓜"等带着明媚日常色彩的意象，但是难掩其背后的惊悚。而且可以看到，这样的献出真心的过程，真的是发自冯家昌内心的渴望。因为他竟然想到了用纱罩罩住自己的心，避免心馊了。有了向上级献上自己真心的意愿，再加上决绝的态度，冯家昌也如愿地让自己如西瓜瓣一样，被他人啃食。李冬冬吃了他的爱"心"，连长吃了他的尊严"心"，首长吃了他的骨气"心"……失掉了"心"的冯家昌，只能是沦为行尸走肉。但是荒谬的是，这时的他却也真真正正地成为了一个地地道道的城市人。在这个意义上，失掉了"心"的冯家昌，终于贴上了城里人的标签，与没有"心"的城市为伍，迷失在城市的灯光里。

领着冯家人实现从乡村走向城市的大迁徙的冯家昌，自豪于兄弟们都拥有了城市户口，从外到内完成了从"食草族"到"食肉族"的宏伟进程。但是没想到，成为了真正的、地地道道的城市人的冯家昌，最想的却是"家乡的月亮"②。"家乡"一词从冯家昌的口中说出，真可谓讽刺至极，因为他已经以城市人自居。曾经生养自己的村落，已经成了"家乡"，而不是"家"。带着这样的情绪和心态，他们兄弟几人借着酒劲，回"家乡"找月亮。但是没承想，在麦秸垛旁边看月亮的冯家昌，竟会被

---

① 李佩甫. 城的灯 [M]. 北京：作家出版社，2009：58-59.

② 李佩甫. 城的灯 [M]. 北京：作家出版社，2009：321.

村里的"黑影"驱离。老五仗着酒劲说要给"黑影"钱，二百块钱，要在麦秸垛旁看月亮。但是"黑影"说"屌个毛——不卖！"①这时的村里的月亮在冯家兄弟眼里，没有了任何情感色彩，回归了月亮本色。她在夜晚的天空下淡淡地发着光，独立地存在着。冯家昌们确实没有故乡了，月亮以她的理性，拒绝了冯家昌们。但是冯家昌们就真的想要回到故乡吗？恐怕他们想要的只是借着看看月亮，回忆自己的年幼时光。那隔了几十年的月光映照下的岁月，在眼前成功身份的加持下，带有那么多的自我欣赏、自我肯定与自我陶醉，尽管这背后有着香姑的壮烈的牺牲。而他们真的想要重新回到村里，过着一穷二白、衣不蔽体的生活吗？相信这一问题的答案不言自明。

进城农民形象，在中国现当代文学作品中都是常写常新、经久不衰的主题。最早有鲁迅笔下的阿Q、老舍笔下的骆驼祥子。改革开放之后，有前文提到的陈奂生、高加林，还有张炜笔下的隋见素，贾平凹笔下的刘高兴，孙惠芬笔下的鞠广大、鞠福生，等等。不管作家是表现对农村的怀念、对城市的批判，还是对进城农民从都市"过客"到"边缘者"身份嬗变的揭示，都展现出中国作家对城乡二元对立关系下农民思想、生活、生存状态的关注。小说《城的灯》也是站在这样的视角，着力刻画了进城农民冯家昌这一形象。在冯家昌一步一步艰难地成为城里人的过程中，我们见识了农村人的不易、城市人的冷漠、农村人想要实现"阶级跃迁"的艰难。而且，借助冯家昌的个人经历，我们也看到他背后现代化过程中的城乡问题，诸如完成现代化进程的城市自身发展的问题、农村在发展过程中是否完全要向城市学习的问题，以及居于其中的城市人和农村人精神何处安放等形而上的问题。概而论之，通过书写冯家昌的进城之路，李佩甫用小说《城的灯》展示了他书写现实、表现现实的鲜明倾向，展现了他试图描摹中国改革开放四十余年宏伟蓝图的史诗情怀。

---

① 李佩甫. 城的灯[M]. 北京：作家出版社，2009：323.

三、徘徊在城乡之间的游魂

小说《羊的门》主要展现了扎根农村、安于农村生活的呼天成的故事。小说《城的灯》则以冯家昌为主要叙事对象，讲述了他一步一步成为城里人的过程。至于《生命册》里的吴志鹏，他有野心，他要走向城市，最终他也从无梁村走到大都市，成为了名副其实的城里人。但是相较冯家昌而言，他对无梁村有着更深的眷念、更强烈的重新回归故土的愿望。但是已经被他抛弃的家乡与土地，并没有给他提供回去的土壤。他身后长满的"眼睛"，一双双陌生的眼睛，阻断了他回家的路。无数的吴志鹏，身在城市，精神却要回到那回不去的故乡。通过塑造吴志鹏这一角色，小说《生命册》向我们揭示了城乡二元对立语境中的第三类人，也就是除了安于乡村生活、决绝走向城市之外的第三类人——那些在城市中无法安放灵魂、想要回归家乡却不被接受，灵魂因此在城乡之间来回徘徊的人的形象。

吴志鹏是吃百家饭长大的孩子。他身上"背负着五千七百九十八亩土地（不带宅基），近六千只眼睛（也有三五只瞎了或是半瞎，可他们都看着我呢），还有近三千个把不住门儿的（有时候，能把死人说活，也能把活人说死的）嘴巴，他们的唾沫星子是可以淹人的"①。在这样的背景下，吴志鹏能够从乡村走向城市，并成为一名大学教师，这是非常难得的。虽然小说中对吴志鹏如何实现这一跨越着墨不多，但是我们还是能够体会到其中的不易与艰难。可以说，初入城市的吴志鹏，背负了全村的希望。自然这里面也包含了中国人传统意义上最看重的人情世故。所以，在他进入城市的头一个十年里，他最害怕的便是电话铃声。每一次电话铃响，都会让他心惊肉跳：

> 保祥家女人在电话里哭着说……丢，天坍了呀！我说：婶子，

---

① 李佩甫. 生命册[M]. 北京：作家出版社，2012：3.

你别急，天怎么就坍了？她说：你叔的农用车在漯河撞住人了，让那边警察给扣了。这车是六家凑钱买的，你四婶、五婶、六婶，还有春成家……你打个电话，让派出所把车放了吧。我说：婶，这、这事……她说：你不在省里么？你一个电话，事不就办了？我说：我我我……句儿奶奶声音颤巍巍地在电话里说：丢，真欺负人哪！不叫人活了呀！你七叔都当了十六年的民师了，这会儿叫人裁了……都是因为咱没人哪！丢，你是省里大干部，你打个电话，给县里说说吧。说啥也不能裁你七叔，你七叔几天不吃饭了，寻死觅活的，咋办哪……梅林家女人在电话里说……丢，你这个穷嫂子你还认吧？你帮个忙，你侄子眼看就匪了呀！你不能看着他住监狱吧？丢啊，你救救他吧，孬好在省里给他找个事做，这对你不算啥，就一句话的事……①

乡亲们以为吴志鹏进了省城，成了有"单位"的人，就掌握了权力，他们的事情只要吴志鹏一张嘴就能够办成。他们的理想信念还停留在非常"淳朴""原始"的阶段。可是进了省城的吴志鹏却知道，自己现在只是省城中一名小小的大学教师。在乡亲们看来一句话的事儿，那是需要手中的权力去交换的，而他并没有这种可以利益交换的资本。一面是"哺育"他长大的乡亲，另一面是拒绝他要求的城市，在两相夹缝中，吴志鹏选择了辞职。辞职，是与自己的过去做了断，是对过去的自己的拒绝。这里面包含了乡亲们养大的情谊，以及背后他已经负担不起的人情。以当下的眼光审视，其实吴志鹏身上有着极为强烈的"小镇做题家"的特质。他从小生活在村里，在成长过程中没有见过大城市的繁华。在十八岁之前，他的眼里只有乡亲们和农村那广袤的土地。在进入大学工作后，他开始见识城里人各个方面的优越，并遭受城里人的"碾压"。当他为找工作而四顾茫然的时候，周围的城里的同学，但凡有点儿关系的

---

① 李佩甫. 生命册[M]. 北京：作家出版社，2012：17-18.

同学，家里已经为他们谋划好了出路。当他工作后为了第一次登门送礼
而羞愧时，别人早已经是轻车熟路，还带有局长打招呼的"条子"。面对
自己心爱的女人，也因为自己的自卑而一败涂地。吴志鹏是进入了城
市，但是彼时的他还是一个农村人，一个彻头彻尾的城市里的边缘者。
在五光十色的城市"风景"里，他目不转睛地看着、感受着、感慨着。所
以此时用老话"仗义每多屠狗辈，负心多是读书人"来形容吴志鹏辞职离
开省城，是颇为合适的。

　　为了在城市扎根下来，为了最终融入城市，吴志鹏只身北上，开启
了自己的"北漂"生活。在这段经历里，他和"骆驼"蜗居在逼仄、阴暗、
潮湿的地下室里，当"枪手"，赚取自己的生活费。在遭遇了被人骗而陷
入绝境后，他们也终于孤注一掷、豁出去了，拿命博得了一笔钱。这笔
血汗钱，也成为吴志鹏最终发家致富的重要资金来源。吴志鹏把"一百
元的票子，一万一摞，摆在一张一米宽、两米长的单人床上……整整摆
了七层，七层还多一点，一共是四百二十八万……用尺子量了一下，有
二寸三（还多）厚！"①之后通过炒股票、上市厚朴堂药业公司，吴志鹏已
经成为手握上亿资产的企业家。他已经不再需要为钱发愁，但他却开始
回忆他的童年时光。在睡梦中，他总觉得有人在喊他："孩儿，回来吧。
孩儿，回来吧。"②他开始怀念家乡的牛毛细雨，瓦檐儿上的滴水，家乡
夜半的狗咬声，藏在平原夜色里的咳嗽声或是问候语，蛐蛐的叫声，倒
沫的老牛，冬日里失落在黄土路上的老牛蹄印，静静的场院和一个一个
的谷草垛，钉在黄泥墙上的木橛儿，简易的、有着四条木腿儿的小凳，
门搭儿的声音和有风的日子。在城市站稳脚跟的吴志鹏，不再承受初入
城市时的巨大落差，他已经能够谈笑风生间就把事情给办了。他开始体
会到当初站在身后的无梁村的人，他们已经把自己的最好的东西给了
他。他不再苛责这些父老乡亲们，开始与过去和解，所谓"已识乾坤大，

----

①　李佩甫. 生命册[M]. 北京：作家出版社，2012：145.
②　李佩甫. 生命册[M]. 北京：作家出版社，2012：383.

犹怜草木青"。但是，村里人却无法再接纳他，多年失去了联系的吴志鹏，在他们眼中，或者说在抚养吴志鹏的乡亲们已陆续老去后，在村里年轻一辈中，吴志鹏更多是一个符号性的存在。走在村里的他，"身上已沾满了'眼睛'……那是各种各样的目光。走在村街里的人，一个个都眼生"。"我是准备好让人骂的。假如那些婶子大娘们见了我就骂，指着鼻子骂……我心里会好受些。让我心痛的是，一些婶子大娘见了我，也不说什么，只是把头扭过去，装着没看见，该干什么还干什么……是啊，不帮人家，人家的日子也照常过。"①吴志鹏也终于"说不清楚，一片干了的、四处漂泊的树叶，还能不能再回到树上？"②可以看出，出走乡村太久的吴志鹏，已成为城里人的吴志鹏，是十分想要回到生养自己的家乡的。但是，父老乡亲们却以不接纳的态度拒绝了他的这份渴望。吴志鹏最终是想要回归家乡而不能，灵魂在城乡之间飘荡。站在城乡二元对立的视角，站在安守乡村的呼天成、奋力进城的冯家昌、城乡间游荡的吴志鹏这三个角色的视角，我们可以说，作家李佩甫较为全面地呈现了农民面对城市的不同心态，以及他们在与城市勾连中的生命状态与精神处境。

对城乡关系的书写，对进城农民的刻画，是百余年来中国文学中的重要叙事主题。不同代际的作家，对此都有过书写。作为"50后"作家的李佩甫，较为突出的特点是始终将自己的眼光放置在中原、农村及这片土地上的农民，坚持用他现实主义的创作笔法去展现在土地上刨食的农民、出走土地立足城市的农民，以及在城乡之间游荡的农民。他没有因为时代的变迁、文学风潮的变化而改变自己的关注点。出身土地的他，始终立足土地，写尽了这片土地上人民的悲欢离合。其中蕴含了改革开放四十年来的波澜壮阔，宏大历史裹挟下个人生活命运的嬗变等。在这个意义上，我们可以说通过"平原三部曲"，李佩甫向我们展现了中

① 李佩甫.生命册[M].北京：作家出版社，2012：414.
② 李佩甫.生命册[M].北京：作家出版社，2012：422.

国式现代化历程中人民的哀乐苦痛。而他的《羊的门》《城的灯》《生命册》，也因此而具有了强烈的现实风格与史诗意味。

第二节　"平原三部曲"的抒情话语再造

一个受到批评者广泛关注的事实是：李佩甫的"平原三部曲"有着典型的抒情特质。① 从此角度出发，有学者就其"平原三部曲"中的意象进行细致分析，更有学者指出其小说中存在的将人"植物化"的意象特征。关于此点，作家李佩甫本人也曾指出："说白了，人也是植物。每个地域都有它特殊的植物和草木，那是由气候来决定的。我所说的气候，是精神方面的，指的是时代的风尚。什么样的时代风尚，产生什么样的精神气候，什么样的精神气候，造就什么样的人物。""人，就是生长在大地之上的一种'植物'"。② 但是就现有研究而言，也就是关于"平原三部曲"抒情特质的研究，还是较多呈现出零星化的特点，缺乏整体有效性的论述。而且就"平原三部曲"意象的呈现，论述也较为单薄。整体而言，李佩甫的《羊的门》《城的灯》《生命册》这三部小说，呈现出了浓厚的抒情特质。这不仅表现在由小说繁多意象而造成的抒情化方面，而且表现在风景描写与小说的抒情化方面。通过这两方面的呈现，《羊的门》《城的灯》《生命册》三部小说用抒情话语建构了一种抒情美学。

一、意象与小说抒情化

"意象"一词最早见诸刘勰的《文心雕龙》，所谓"窥意象而运斤"。自此，那些承载了作家心绪情感的象，就被称为"意象"。也就是说，意象是作家内在情感的外化呈现，其本身自带着作家强烈的主观情感。李

① 参见王学谦，汪大贺. 焦虑的心灵，破碎的土地——李佩甫长篇小说《生命册》的情感世界与价值指向[J]. 华夏文化论坛，2013.

② 李佩甫. 城的灯[M]. 北京：作家出版社，2016：230.

佩甫的"平原三部曲"中有繁多的意象：有些是羊、蚂蚁等动物意象，有些是草、树等植物意象，还有土壤、月亮、星星等自然意象，甚至有狗叫的声音意象等。这些意象与其承载的作家情感一道，在小说中进行着自己的抒情性表达。小说也在这些繁多意象的情感表达中，形成了自己鲜明的抒情特质。

首先来看动物意象与小说的情感化。说到"平原三部曲"中的动物意象，不能绕开的一个典型意象就是"羊"。这不仅明显地表现在小说的题目《羊的门》中，更表现在它是小说《羊的门》的核心意象，建构着整部小说的抒情特征。在小说《羊的门》作家出版社 2022 年版的扉页上，写着这样一段话："主说，我实实在在地告诉你们，我就是羊的门。我就是门。凡从我进来的，必然得救，并且出入得草吃。盗贼来，无非要偷盗、杀害、毁坏。我来了，是要叫羊得生命，并且得的更丰盛。"这句话出自《圣经·新约全书》。有学者站在这个角度，指出小说是以基督教的教义为基础创作，并由此延伸，认为呼天成在村民面前是以西方基督教中的"主"的身份存在和统治，村民是他治下的羔羊。这样的理解未免太过西化，削弱了《羊的门》中的中国语境，过分放大了西方基督教精神对中国，或者说对中原人民的影响。在 2023 年，李佩甫在一次接受采访的过程中，他自己坦言："《羊的门》……书稿写了很长时间，小说却始终没有起好名字。""我是个无神论者……曾在枕边放着一本圣经，有一天半夜睡不着觉，爬起来翻开那本书，突然看到一句话，'我就是门，我就是羊的门，凡从我进来的必然得救'，我觉得找到了长篇的名字。"①也就是说，小说《羊的门》题目的得名，某种程度上是一种"拿来主义"，是一种背后并不蕴含着浓厚基督教思想的命名。其实，就小说《羊的门》的内蕴而言，站在中国式现代化的角度，站在中国传统文化的角度，更符合中国式现代化过程中的文学表达特质。而且这一沾染了中国文化特质的意

①　刘瀚潞. 一幅生动厚重的文学地图——《文学里的村庄》大型融媒体报道引发热议［N］. 湖南日报，2023-10-30.

象，在小说中被寄予了作者浓厚的情感，如对中原人民顺从的情感认同，对中原人民盲从的情感批判。这样杂糅了感性与理性、主观与客观的意象，为整部小说增加了浓厚的情感氛围。

具体来看。"羊"较早出现在中国传统文学典籍中。如《诗经·小雅·无羊》中有："谁谓尔无羊？三百维群。"羊在六畜中最为善良。《说文》中有语："善，吉也。从誩，从羊。"羊的性格也最为顺从。《惠氏易说》中有语："尔羊来思，矜矜兢兢，不骞不崩，麾之以肱，毕来既升。"就连一向倡导"仁爱"的孔子，也劝子贡"尔爱其羊，我爱其礼"。可以说，某种程度上正是因为羊这一物种顺从的性格，让它具备了较早被人类驯化成为家畜的可能。从这个角度来审视《羊的门》题目中的"羊"，以及小说中出现的将人民象征成"羊群"的说法，我们可以说，"羊"这一意象浸润了李佩甫对中原人民性格温顺、顺从的情感概括。而这样的顺从，表现在小说的方方面面。如呼天成在呵斥饥饿年代偷盗公共财物的村民时，人们并没有反抗，而是选择了顺从。又如呼天成在建成整齐划一的地上呼家堡后，又开始建立一个与地上一模一样的地下、阴间呼家堡。每一个死去的村民不再拥有姓名，只被一个个阿拉伯数字的编号所替代。这时的村民选择了顺从。还有特殊年代被呼天成逼死的于凤琴，在呼天成的自我洗白式描述中，死得其所。这时的村民们没有对此进行反思，没有站在人道主义角度同情一个逝去的农村妇女，还是选择了顺从，顺从呼天成，继续开展思想大扫除运动。这样的例子在小说中比比皆是。最登峰造极处，就是在呼天成六十大寿时，呼家堡村民在顺从的机械记忆中，打开小喇叭，广播起"同志们，今天是八月十七，八月十七，也就是说，离我们最敬爱的老书记的生日只有十天了，只有十天了！各单位各部门都纷纷写下了决心书，决心以实际行动，以优异的工作成绩为老人的生日献礼！写决心书的单位有：第一队、第二队、第三队、奶牛厂、面粉厂、造纸厂、制药厂、食品厂、饮料厂、猪场、羊场、饲料厂、汽车队、机耕队、卫生院、浴池、学校……这个日子就快要来到了。人们都期盼着这个难忘的日子，期盼着能在老人六十大寿那一天去为他祝寿。"①

当然，事物都有两面性，过于顺从就滑落到了愚昧性盲从这一反面。有关于此，鲁迅在《一点比喻》中有过批判："通常，领的赶的却多是牧人，胡羊们便成了一长串，挨挨挤挤，浩浩荡荡，凝着柔顺有余的眼色，跟定他匆匆地竞奔它们的前程。我看见这种认真的忙迫的情形时，心里总想开口向它们发一句愚不可及的疑问——'往那里去?!'"②这指的便是羊群的盲从性。它们不管前路将要走向何方，只要有人领路，它们就盲从性地跟随这个领路人向前走，不管前面是火海还是刀山。这点在小说《羊的门》中也有典型体现。可以说，正是呼家堡人民的盲目性顺从，让呼天成能够在呼家堡建立起自己的集权统治，在呼家堡说一不二，甚至给死人指路。盲目性顺从，在某种程度上就是"社会现代化过程中人的现代化问题"③。也就是说，呼家堡虽然物质现代化的程度很高，但是作为个体的人的独立性，还有待提高。在小说中，李佩甫借助"羊"意象，展现了他对中原人民盲目性顺从的批判。

整体而言，小说《羊的门》中的"羊"意象，呈现出了理性与感性、客观与主观、历史与现实的交织。"羊"意象背后顺从的一面，展现出立足中原、扎根中原的李佩甫对中原人民的情感认同；另一方面"羊"意象背后的盲从，却也展现了作家李佩甫对中原人民的批判。这样糅合了认同与批判的强烈情感表达，让整部小说沾染上了一层鲜明的抒情特色。

除了"羊"这一意象外，"平原三部曲"中存在着"鱼"意象以及对小说的情感化氛围营造。像是小说《生命册》中被寄予作者浓厚情感的人物吴春才。他被作家李佩甫比喻为一条鱼，这条"鱼"在没有遭遇伤痛之前，是那么美好："每到夏天，春才常常一个人到潭里去游泳。他每游

---

① 李佩甫. 羊的门[M]. 北京：作家出版社，2009：50.
② 鲁迅. 一点比喻[M]//鲁迅. 鲁迅全集：第3卷. 广州：花城出版社，2021：114.
③ 丁增武. "批判"的恢复——析《羊的门》的主题意向[J]. 小说评论，2000(1).

过几圈后，就静静地躺在水面上，四肢摊开，随着波纹漂动，就像是一条大鱼。"村里也常有人说，春才是鱼托生的"。① "鱼"在中国传统文化中象征着丰收和繁荣，同时也象征着婚姻美满、喜庆与吉祥。但是作家李佩甫在小说里却将自我阉割的春才比喻成"鱼"，这不得不让人唏嘘。可以想象，作为"鱼"的象征的春才，寄托了作家对美好事物的向往，对美好乡村生活的憧憬与向往。但是，春才的自我毁灭，却也暗示了这样一种乌托邦式的想象，最终难掩失败的结局，就像是李佩甫在第十章开头反复提到并着重阐释的"水尽鱼飞"。此外，"平原三部曲"中还出现了其他动物意象，用以表达作家的情感情绪，渲染了小说的整体抒情氛围。如小说《羊的门》中的"狗"意象，象征着李佩甫对呼家堡村民从人奴化成"狗"的强烈批判。又如小说《城的灯》中的"蚂蚁"意象。它们爬满冯家昌和蔡苇香的眼睛，象征着作家对这些追名逐利、不惜一切代价要进入城市的村民的批判。

　　其次，来看"平原三部曲"中的植物意象与小说情感化。如小说《羊的门》中李佩甫专辟一节写"草的名讳"。他书写了平原上各式各样的草，在小说中建构了二十四种草的意象。这里有"那种开紫色小白花的草，花形很小，小得让人可怜，它的名字就叫'狗狗秧'"。还有"那种开小喇叭花的草，花形也是很小，颜色又是褪旧的那种红——败红，红得很软弱，它的名字叫'甜甜牙棵'"。也还有"那种叶儿稍稍宽一点、叶边呈锯齿状的草，一株也只有七八个叶片，看上去矮矮的、孤孤的、散散的，叶边有一些小刺刺儿，仿佛也有一点点的保护能力似的，可你一脚就把它踩倒了，这种草就叫'乞乞牙'"。以及"那种一片一片的、紧紧地贴伏在地上、从来也没有抬过头的草，它的根须和它的枝蔓是连在一起的，几乎使你分不出哪儿是根哪儿是梢，它的主干很细很细，曲曲硬硬的，看上去没有一点点水分，可它竟爬出了一片一片的小叶儿，这种草叫

---

　　① 李佩甫. 生命册[M]. 北京：作家出版社，2012：341.

'格巴皮'"①。这里只是截取了二十四种草里的三种。但是由此也可以看出，每一棵草被作家赋予的强烈情感。如"狗狗秧"这一草意象，小得让人怜；"甜甜牙棵"这一草意象，则是红得软弱；"乞乞牙"这一草意象，是看似坚强，实则也是软弱。另外，就单看每个草的名字，用叠词来命名，也见其中的怜悯，托在掌上怜不得的小心、珍惜。"平原三部曲"中的植物意象，还典型表现在小说《城的灯》中。在第六章第六节，通过园艺场里老梅的介绍，塑造了人类的天然庇护"树"这一意象。小说里老梅用乞求的语气对刘汉香说："孩子，种树吧。树是人类的天然庇护。你想一想，在这个世界上，如果没有树，会是什么样子？树是氧之源，也是水之源，是人类呼吸的根基，是大地之上的唯一可以给人类带来好处，而无任何不利因素的植物……"②这里的"树"的意象犹如大地之母，是人类的"生命之树"，她接纳人类一切丑陋的、肮脏的德行，滋养着人类。在《城的灯》中，"树"意象背后暗含着作家李佩甫对大自然的敬重、对追逐利益的城市人的批判。在小说《生命册》里，这一"树"的意象，或者说"生命之树"的意象，更为突出，其背后蕴含的批判性色彩也更浓郁。简单来说，小说主人公吴志鹏脱离了生养自己的乡村故土，犹如从生命之树上脱落的一片树叶，在追逐物欲的过程中，他丧失了自己的灵魂。这也象征着生命之树对这片背叛自己的叶子的拒绝。也就是说，离开农村进入城市的吴志鹏，虽然取得了物质上的极大成功，但是抛却了自己的乡村之根，尤其是在追逐物欲过程中丧失掉自己的灵魂，难以再得到生命之树的滋养。除了"草"意象、"树"意象，"平原三部曲"中出现的还有"花"意象。《城的灯》中的"月亮花"意象，象征了刘汉香的美丽、母性的光芒与坚韧。《生命册》中的"阿比西尼亚玫瑰"，最初象征着梅村的女性之美，未浸染生活之苦的单纯与洁净，在过尽千帆后，阿比西尼亚玫瑰的枯萎，也预示着梅村在生活蹂躏下的衰败。整体

---

① 李佩甫. 羊的门[M]. 北京：作家出版社，2022：4.
② 李佩甫. 城的灯[M]. 北京：作家出版社，2009：223.

而言，"平原三部曲"中出现了数量众多、各具特色的植物意象，其中有各式各样的草意象、树意象，以及类型各异的花意象。不同的意象寄托了作家李佩甫不同的情感，如对城市的批判、对乡村的认同、对城市化进程中人的悲悯等。通过繁多的植物意象，"平原三部曲"整体呈现出了较为浓郁的抒情色彩。

除此之外，"平原三部曲"中还有自然意象，典型如《羊的门》中的"土壤"意象，《城的灯》中的"月亮"意象、"星星"意象。以"星星"意象为例。它出现在小说《城的灯》中的第五章第二节。"路上的街灯亮了，那街灯是橘色的，是那种很暖人、也很诱人的橘色。放眼望去，那一条条大街就像是一条条纵横交错的金色河流，那是很容易让人迷失的河流……在灯光里，那些城里人一个个金灿灿的，女人们也都色色的。老五突然说：'看那灯，净灯！一盏一盏一盏一盏……咦，城里没有星星?!'"[1]这里的"星星"意象，谐音并隐喻了城里没有"心"，城市空有其华丽的外表，是没有精神内核(灯芯)的灯。借助"星星"意象，李佩甫书写了他对城市的批判。

还有声音意象，如在三部小说中都有出现的狗叫的等声音意象。以"狗叫"这一声音意象为例。《羊的门》中，"狗叫"声最初出现的时候，它终止了呼天成的欲望，让呼天成坐稳了自己的权力宝座，身上未沾染一切私欲，永葆了纯粹。在小说结尾出现的时候，"狗叫"的声音意象，就不再实体化，而是虚化。因为这里的狗叫不是狗发出的，是人发出的。呼天成在弥留之际，想要听狗叫，但是奈何村里的狗已经被呼天成杀光了。这时候，"村里唯一的老闺女徐三妮突然跪了下来，她跪在地上，泪流满面地说：'呼伯想听狗叫，我就给他老人家学学狗叫。'于是，她竟然趴在院门前，大声地学起狗叫来……沉默，很长时间的沉默。而后，全村的男女老少也都跟着徐三妮学起了狗叫！在黑暗之中，呼家堡

---

① 李佩甫. 城的灯[M]. 北京：作家出版社，2009：165.

传出了一片震耳欲聋的狗叫声!!"①如果说先前的狗叫声,于呼天成而言是一种克制与压抑,较具正面色彩,那么结尾处的狗叫,则极尽讽刺之味。借由狗叫这一声音意象,李佩甫批判了呼天成把人变成狗的极权统治恶行。

"平原三部曲"中出现了繁多的意象:有动物意象(如羊、蚂蚁、鱼),植物意象(如各种草、树、花),自然意象(如土壤、月亮、星星),声音意象(如狗叫)等。从单个意象来看,它们都寄予了作家李佩甫的浓郁情感。如果将这些意象作整体观,也就是注意到这些意象频繁并广泛地出现在"平原三部曲"中,那么这些意象与其背后所蕴含的作家情感一道,增强了三部小说的情感色彩、抒情色彩,在小说整体的现实主义氛围中增添了浓重的情感色彩。

二、风景与小说抒情化

李佩甫的"平原三部曲"中有繁多的风景描写。在某些段落,风景描写的片段几乎要湮没小说本身的情节发展。整体而言,这些弥漫在小说中的风景描写,按照类型,大体可以划分为乡村风景与城市风景两类。王国维在《人间词话删稿》中曾指出:"昔人论诗词,有景语、情语之别,不知一切景语,皆情语也。"在这个意义上,这些出现在小说各处的风景描写,体现了作家李佩甫通过描摹风景以增加小说抒情性的倾向。

首先来看乡村风景。这里有对乡村的"天"的书写:

> 天是很大的,很大很大,大得没有依托;云又是很重的,很重很重,重得随时都会塌来。那云,看着是白的,软的,高高的,一絮一絮的,可倏尔就会黑下来,整个天都会黑下来,黑成鏊子底,那黑气能贴着人头飞!更不用说风霜雨雪,雷鸣电闪,又是那样的

---

① 李佩甫. 羊的门[M]. 北京:作家出版社,2022:401.

无常无序。人，靠什么藏身呢？天就压在头上，一个细细的小脖颈是支不住天的。①

古代文学作品中也有诸多的乡村风景描写。但是站在古人角度，对"天""地"的感情，更多是由未知带来的恐惧，由农耕生产方式带来的敬畏，里面甚至夹杂了神明的崇拜色彩。在经历了现代化祛魅的国人，对"天""地"的看法已然祛魅。站在这个角度看这段风景描写，其更多呈现出了人与自然和谐共处的现代自然观。这段颇具现代性的风景描写，在确证了小说现代性的同时，无疑也增加了小说的抒情性。

这里有对乡村的"地"或者说"土"的书写：

踏上平原，你就会闻到一股干干腥腥的气息，这气息微微地在风里或是空气中含着，这自然是泥土的气息了。

那么，稍稍过一会儿，你会发现这气息偏甜，气息里有一股软软的甜味。再走，你就会品出那甜里还含着一点涩，一点腻，一点点沙。这就对了，这块土地正是沙壤和黏壤的混合，是被古人称做"下土坟垆"的地方。这说明你的感觉很好。而后，从东向西，或是从南向北，你一个村庄一个村庄地走下去，你会发现虽然道路阡阡陌陌，土壤是一模一样的，植物也是一模一样的。仅仅是东边的土质含沙量多一些，而西边的黏壤多一些；南边的碱性大一点，北边的酸性多一点，没有太大的差别。再走，你先是会产生一种平缓的感觉，甚至是太平了，眼前是展展的一马平川，一览无余，没有一点让人感到新奇和突兀的地方，平得很无趣。接着，你就会对这块土地产生一种灰褐色的感觉。灰是很木的那种灰，褐也是很乏的那种褐。褐和灰都显得很温和、很亲切，一点也不刺眼，但却又是很染人的，它会使人不知不觉地陷进去，化入一种灰青色的氛围里。

---

① 李佩甫. 羊的门 [M]. 北京：作家出版社，2009：8.

那灰青是淡调的，渐远渐深的，朦朦胧胧的，带有一种迷幻般的气韵。

若是雨天，大地上会骤然泛起一股陈年老酒的气味。那是雨初来的时候，大地上刚刚砸出麻麻的雨点，平原上会飘出一股浓浓的酒气。假如细细地闻，你会发现酒里蕴含着一股腐烂已久的气味，那是一种残存在土壤里的、已很遥远的死亡讯号，同时，也还蕴含着一股滋滋郁郁的腻甜，那又是从植物的根部发出来的生长讯号，正是死亡的讯号哺育了生长的讯号，于是，生的气息和死的气息杂合在一起，糅勾成了令人昏昏欲睡的老酒气息。①

这段风景描写还是很见功力的。像是"干干腥腥的气息"，甜味儿里面带着一点涩，一点点沙，都十分恰切地形容出了豫中平原的"土"气。这里不似沈从文笔下的水乡边城，也不是戴望舒笔下的散发着朦胧、氤氲气息的雨巷，也不是陈忠实笔下那粗粝的、迎着西北风的大地，这里是中原，有着一望无际的平原。长久的历史与鲜活的当下混杂在一起，升腾起李佩甫笔下的"昏昏欲睡的老酒气息"。这里面有他对中原人民一成不变、老实性格的概括，自然也有对这一成不变背后过于顺从的不满。通过一大片的风景描写，我们可以欣赏表面上的风景，获得一种审美享受。同时，也能感悟到语言背后作家李佩甫对中原大地寄寓的浓浓故土情。

这是小说中乡村风景较具代表性的表现。至于城市风景，在小说中也有很多呈现。如写城市夜晚的街景：

在飘着雪花的夜晚，我顺着马路往前走。那时城市里刚刚时兴羊皮衣，百货商场的橱窗里展示着各式各样的羊皮；大街上行走的也是羊皮，有驼色、蓝色、红色和黑色的羊皮……羊皮衣一旦穿在

---

① 李佩甫. 羊的门[M]. 北京：作家出版社，2022：1-2.

女人的身上，皮带子一扎，腰就细溜了，屁股一扭一扭，更显臀肥。马路上响着很时尚的"的儿、的儿"的节奏，圆润饱满的节奏，叫人春心荡漾的节奏(后来，等我穿上羊皮衣的时候，城里已经没人再穿羊皮了，它过时了，成了三陪小姐的着装了)。那时，我的眼是在乡村里经过节俭训练的，尚不敢乱看。①

这对城市风景的描写，很难不让人联想到百年前新感觉派代表人物穆时英写摩登上海的《上海的狐步舞》。虽然穆时英用的是意识流的现代主义写法，但是在将城市比作女人，或者将城市女性化、欲望化，并对其进行批判来说，李佩甫和穆时英还是有很大的相似之处的。这样的对城市带有明显感情色彩或者说情感倾向的表现，还出现在小说其他地方的城市风景书写中。像是在刚进城的冯家昌的眼中：

在冯家昌眼里，城市是什么？城市就是颜色——女人的颜色。那马路，就是让城市女人走的，只有她们才能走出那种一"橐儿"一"橐儿"的、带"钩儿"的声音；那自行车，就是让城市女人骑的，只有她们才能"日奔儿"出那种"铃儿、铃儿"的飘逸；那一街一街的商店、一座一座的红楼房，也都是让城市女人们进的，只有她们才能"韵儿、韵儿"地袭出那一抹一抹的热烘烘的雪花膏味；连灯光都像是专门为城市女人设置的，城市女人在灯光下走的时候，那光线就成了带颜色的雨，那"雨儿"五光十色，一缕一缕地亮！②

这是初进城的冯家昌对城市的印象，城市风景在他眼中就是女人的风景，骑着自行车的女人、擦着雪花膏的女人、五光十色的女人。这段带有强烈抒情色彩的城市风景描写，也将冯家昌心中对城市由不熟悉带

---

① 李佩甫. 城的灯[M]. 北京：作家出版社，2009：5.
② 李佩甫. 城的灯[M]. 北京：作家出版社，2009：44.

来的畏惧，由城市女人组成的城市风景内心的排斥与想要靠近，本质上因自己是进城农民而低人一等的自我身份认同等，表现得淋漓尽致。

小说中的风景描写，在中国古典小说中就有体现，典型如《红楼梦》。被称为诗化小说的《红楼梦》中有着繁多的抒情描写片段，有的以诗词的形式呈现，有的以旧体白话文的形式呈现。就此文学现象，如胡适等学者最初持批判与否定态度，认为这是对小说文体的贬低，认为小说中的风景书写，是一种炫技，或是说是古典诗词文体对小说文体的强势性入侵。[①] 但是，不能忽视的文学现象是，现代文学中的风景描写，已经成为现代文学中的重要组成部分，更是文学现代性的典型表现。如学者李杨便指出从晚清到五四是中国小说转型的关键时期，风景描写在其中发挥了难以低估的作用，甚至可以说是"现代小说与传统小说的重要区别"[②]。现代文学的创作实绩也证明了这一点。郁达夫《沉沦》中的风景描写，为整部小说呈现出的转型期国民的沮丧、落寞等情绪，起到了重要的渲染作用。沈从文《边城》中的风景描写，更是让整部小说成为现代诗化小说的创作典范，并对之后的汪曾祺等的诗化创作产生了重要影响。因此，现当代小说中的风景描写，对小说抒情氛围的营造与建构，起到了举足轻重的作用。以此来看李佩甫"平原三部曲"中的风景描写，我们确实可以说，通过插入或者嵌入这些风景描写，李佩甫增加了小说的抒情性。这体现了他通过"平原三部曲"建构自己抒情话语的倾向。

第三节 "平原三部曲"现代性的独特维度

批评界广泛接受的一个历史事实是：20世纪的中国是"启蒙"与"救

---

① 颜水生. 史诗时代的抒情话语——历届茅盾文学奖获奖作品中的诗词、歌曲与风景[J]. 文学评论，2020(4).

② 李杨. 抗争宿命之路——"社会主义现实主义"（1942—1976）研究[M]. 长春：时代文艺出版社，1993.

亡"双重变奏的历史，或者是"启蒙"压倒"救亡"，或者是"救亡"压倒
"启蒙"。历史跟随着外部环境和自身变化而变化。具体到 20 世纪中国
文学史而言，也呈现出这一鲜明特色，即呈现出"启蒙"与"救亡"的双重
文学创作倾向。如五四新文化运动发生后，鲁迅、郭沫若、郁达夫、茅
盾、巴金、老舍等一大批作家，在各自作品中书写对民众的"启蒙"。抗
日战争爆发后，面对深重的民族危机，老舍、姚雪垠、夏衍、邱东平、
艾青等作家用文学创作呼唤人民、团结人民，共同抵抗外侮。而这样的
"启蒙"与"救亡"主题交织的状况，在中华人民共和国成立后的文学史上
也多有表现。过于沉重的民族危难，让学界在对 20 世纪文学作品进行
观照时，多从这两大视域出发，而忽视了其实中国文学史上也还存在着
第三种创作倾向，就是文学作品整体呈现出的抒情倾向与特征。典型如
废名、沈从文以及汪曾祺的诗化小说创作。1971 年，学者陈世骧在"美
国汉学年会"上提出了"抒情传统"这一观念，并对其进行阐释。在他看
来，"中国文学传统自古以来，一言以蔽之，就是'抒情传统'"①。虽然
这一说法过于绝对，但是自此之后，学界也有较多学者开始从"抒情传
统"这一批评视角观照 20 世纪文学史。具体到李佩甫新世纪以来的作品
"平原三部曲"而言，它一方面呈现出波澜壮阔的中华人民共和国历史，
具备宏大的史诗叙事的特征；另一方面，在小说中又呈现出强烈的抒情
倾向，展现出与中国文学传统的另一重连接。在史诗与抒情交织的过程
中，"平原三部曲"彰显出作品自身现代性的独特维度，那就是史诗和抒
情传统的当代融合。

中国古代文学传统中并不存在史诗。"史诗"概念是舶来品，是引入
的西方文学概念。由于西方文学将史诗作为文学批评的重要标准，认为
一个国家有无史诗文学决定着这个国家的文学高度，因此，以此标准衡
量之，五四时期如鲁迅、胡适等学者都深感中国文学之落后与不足。如

---

① 转引自王德威. 史诗时代的抒情声音——现代中国文学批评方法新论[J].
现代中国文化与文学，2015(2).

钱锺书就指出:"据几个文学史家的意见,诗的发展是先有史诗,次有戏剧诗,最后有抒情诗。中国诗可不然。中国没有史诗,中国人缺乏托尔泰所谓的'史诗头脑',中国最好的戏剧诗,产生远在最完美的抒情诗以后。"①暂且不去辨析中国古代文学中是否真的不存在史诗,就整个20世纪中国文学而言,我们已经形成了自己的史诗传统。在中国式现代化的奋斗过程中,中国文学表现现实、反映现实,创作出了诸多优秀的具有史诗品格的文学巨作。典型如巴金的《寒夜》、老舍的《四世同堂》书写的"平民史诗",萧红、萧军书写的"土地史诗"等。② 中华人民共和国成立后,我们有与新时代同声共振的"红色史诗",如"三红一创""青山保林"等。改革开放以来,我们创作出了"文化史诗"等。20世纪这些不同类型的史诗,都反映了中国知识分子用小说记录时代的冲动与愿望。站在这样的"史诗传统"基础上,新世纪以来的李佩甫,也在"平原三部曲"中表现着广大中国人民的思想史、革命史、文明史。如《羊的门》将观照的视野放置在中华人民共和国成立后。有书写人民建设新中国的热情,也有反思中国式现代化过程中遭遇的困境,还有揭示改革开放以来中国人民在探索现代化道路上所形成的经验与教训等。又如《城的灯》,则是将关注视角放置在进城农民冯家昌身上。从冯家昌的视角,展示了改革开放以来城市建设取得的巨大成功,城市人民的精神面貌,同时也揭示了城市化过程中部分人们迷失于金钱、欲望的现象。整部小说以人带史,通过展现冯家昌在城市的落脚史,书写了城市、乡村在现代化进程中,各自交出的答案。此外,《生命册》呈现了一个土地背负者吴志鹏的心灵史诗,彰显了以他为代表的中国式现代化进程中中国农民的精神史诗。可以说,浓缩了人性史诗、精神史诗、社会史诗、文化史诗的"平原三部曲",堪称新世纪以来重要的长篇小说史诗书写现象,作品呈现

---

① 钱锺书. 谈中国诗[M]//钱锺书散文. 杭州:浙江文艺出版社,1997:532.
② 赵彦芳. "史诗"观念的中国接受与中国"史诗"审美传统的生成[J]. 广东社会科学,2023(2).

出鲜明的史诗特征。

中国古典文学的抒情传统，同样是一个颇受争议的文学批评术语。最早普实克关于中国古典文学的抒情特质就做过揭示。在陈世骧、高友工的阐释后，学界发掘了诸多中国古典文学、中国现当代文学的抒情特质。同样，对此争议的结论放下不表，单看中国古典文学中的抒情性表现。中国古典文学的抒情特质，表现在文学创作史与文学批评史的各个阶段。典型如开辟"诗骚"传统的屈原的作品《离骚》，以及"诗缘情"的重要诗歌理论。再往后如唐诗、宋词，乃至明清时期的《红楼梦》被视作诗化小说，或者说抒情小说的集大成者。不论是里面繁多的诗词嵌入，还是无处不在的风景描写，小说抒情性，抑或是诗一样的意象与意境的营造，都增加了小说的抒情性。而在文学理论方面，典型的也有"以诗论诗"，如杜甫诗句"王杨卢骆当时体，轻薄为文哂未休。尔曹身与名俱灭，不废江河万古流。"这样的一种抒情表现，在中国现当代文学中也有表现。如五四时期的小说整体呈现出了抒情性特征，像是郁达夫的自叙传抒情小说，冯沅君、庐隐、丁玲的小说，之后沈从文的诗化小说等。如果就诗歌领域而言，更是浸染着浓郁的抒情特征。中华人民共和国成立后，汪曾祺在小说抒情化领域的继续探索，朦胧诗等对诗歌抒情性的强化等，都可以看出 20 世纪中国文学史正在形成自己的抒情传统。这可以视作面对中国式现代化进程，中国文学作出的抒情性调整与适应。在这个意义上，李佩甫新世纪以来的"平原三部曲"继承了这一抒情传统，整体呈现出鲜明的抒情特质。如"平原三部曲"中繁多的意象书写，像是动物意象（"羊"）、植物意象（"太阳花"二十四种"草"）、自然意象（"天""土地"）、声音意象（"狗"）等，这些意象都增加了小说的抒情特质。还有繁多的风景描写，像是农村自然风光，城市现代化风景等。风景描写在小说中的出现，也典型增加了小说的抒情性。

不论是学者李泽厚提出的启蒙压倒了救亡，或者救亡压倒了启蒙，还是普实克、陈世骧、高友工等学者提出的抒情传统论，仅仅拿其中的一个方面、一个维度来审视中国现当代文学创作，都是片面的。而且，就文学创作而言，也不具备那么鲜明的泾渭分明的特点。20 世纪文学史，在很长一段时间里，都用长篇史诗、史诗巨著来要求文学创作。由此也诞生了诸多长篇小说，以反映时代变迁为主旨的史诗作品。但是，其中也出现了这样那样的一些问题。在某一个时期甚至出现了"反史诗"的创作倾向。历史发展到今天，我们必须要承认的是，不论是史诗传统，还是抒情传统，没有哪一种创作一定要压倒哪一种创作，一定要占据上风。好的文学作品一定是史诗和抒情的两相融合。新世纪以来的李佩甫的"平原三部曲"，便呈现出了史诗传统与抒情传统的当代融合这一特质，用抒情话语建构着中华人民共和国成立以来的史诗画卷。概而论之，李佩甫新世纪以来的"平原三部曲"，彰显了他对史诗时代中国社会的关注，对中国式现代化进程中中国人民精神状态的关注，在继承抒情传统与史诗传统的基础上，在抒情传统与史诗传统的有效融合下，进行着中国式现代化的河南文学表达。

第 三 章

探索精神的当代传承：李洱小说创作论

新世纪以来，李洱共出版长篇小说三部，它们分别是 2002 年出版的《花腔》、2004 年出版的《石榴树上结樱桃》和 2018 年出版的《应物兄》。李洱更是凭借《应物兄》获得第十届茅盾文学奖。这三部小说在李洱的创作生涯中占据着重要位置，反映了作家李洱在不同时期对中国社会现状以及浮沉其中的个体、群体的思考。像是小说《花腔》就表达了历史是任人打扮的小丑，在每个人的"花腔"式讲述中，个人的真相与历史的真相不复存在。这很有 20 世纪 90 年代以来"新历史小说"的特点。至于随后出现的《石榴树上结樱桃》，作品虽然在形式上缺少了先锋式实验，但是在隐喻、寓言、反讽与象征的层面上，也是颇有特色。而这部小说则核心体现了李洱对新世纪以来中国乡村大地上的各种现象的思考。获得茅盾文学奖的《应物兄》，则将关注的视野放置在知识分子群体上，通过提问并回答"应物兄们"往何处去，李洱向我们展示了在"立法者"与"阐释者"身份之间徘徊的一代知识分子群体的迷惘。

李洱新世纪以来的这三部长篇小说，表面上看似乎主题不断滑动，从最初的对历史真相的质疑，到对中国现实农村的关注，再到对中国知识分子的书写，呈现了从先锋到写实的转变。但是，如果仔细审视这三部作品的精神内核，我们会发现其中蕴藏着一以贯之的东西，那就是不论是这三部作品中的哪一部，都深深地反映出作家对现实社会中人们不知往何处去的迷茫与困惑的揭示。

　　这样一种形而上的精神性思索，在中国传统文化中也有诸多表现。典型如屈原的《天问》，他从天地分离、日月星辰转换的自然现象出发，一直问到神话传说、圣贤志士、历史兴衰，表现了他追求真理的探索精神。这样一种探索精神，是中华文明发展昌盛的强力推进器，也是中华优秀传统文化的典型代表。李洱在他不同时期的小说中对"人往何处去"的追问，就是在继承中华优秀传统文化的基础上，进行的现代性意义上的思索与探讨。这是李洱作品对传统进行创化的典型表现。如果说胡也频的《你往何处去》揭示了五四一代青年知识分子的迷茫，当历史的车轮滚滚向前、走到了今天，相信这一问题的答案，已经不言自明。百年来，中国人民一直处于追赶西方现代化进程的脚步中，从认识到器物不足，到认为体制不足，到最后决定进行五四新文化运动，可以说近代中国人困于西方现代化久矣。中国社会的发展，有其自身规律与特殊性，应是在吸收西方先进成果的基础上，走出属于自己的现代化发展道路。中国式现代化道路，是对和平、和谐、人类共生的追求与希冀，是风雨同舟，携手构建人类命运共同体。这一对"人类往何处去"问题的回答，为彷徨求索的世界点亮了前行之路。

第一节　对历史的追问

　　《花腔》是作家李洱新世纪以来的第一部长篇小说。虽然小说的名字是"花腔"，但是这并不妨碍整部小说其实是以"葛任"为中心进行的讲述，也就是说，这还是一部人物传记性质的小说。只不过，这样一种人物传记的讲述，摆脱了传统意义上以人带史的叙事模式，也就是通过描写记录人，呈现大时代的变化。而是独辟蹊径，通过多声部式的小说形式，在对"葛任"这一人物的讲述中最终指向对何谓历史真相的叩问。在这个意义上，整部小说呈现出鲜明的时代特色，反映出在新世纪到来之后，在"新历史小说"的影响余韵中，中国知识分子对历史虚构与真实的疑问，对自身与未来世界关系的思考。

一

　　一个不争的事实是小说《花腔》以先锋式笔法建构了葛任的一生。而这样的先锋笔法，指的便是多声部的人物讲述，以及正副文本的配合说明。可以说，不论是人物讲述还是正副文本，都是整部作品复调笔法的重要表现。而关于复调理论，学者巴赫金是这样指出的：复调小说是"不存在一个至高无上的作者的统一意识，众多的各自独立的声音和意识拥有平等的地位和相同的价值"①，这样的小说"整个渗透着对话性，小说结构的所有成分之间，都存在着对话关系"②。在这个意义上，这也颇为符合小说"花腔"这一名字的内在实质。所谓"花腔"本指的是一种美声唱法，但是在小说内多次出现，却代表着多人、多层次、多层面的说话，还有正文本和副文本的"对话"。这样一种复合声部，正是巴赫金笔下复调手法的典型表现。

　　首先，是李洱通过复调手法，即通过白圣韬、赵耀庆、范继槐三人之口讲述革命党人葛任的一生。第一任讲述者是白圣韬。他的本职工作是一名医生，后来叛变革命，转投国民党。在葛任牺牲后，白圣韬被戴笠委以重任，前去寻找真相。白圣韬的讲述发生在 1943 年 3 月，他由白陂逃往香港的途中。而他的讲述对象是原国民党军统中将，自己的上级范继槐。这也就是小说的第一部分"有甚说甚"的主要内容。关于葛任生平的第二任讲述者是赵耀庆，他是潜入军统的地下党。他的讲述发生在 1975 年 5 月 3 日，他的讲述对象是信阳莘庄劳改茶场调查组同志。这是小说中的第二部分"向毛主席保证"的主要内容。第三任讲述者是原国民党中将、中华人民共和国成立后的政协委员范继槐。他的讲述发生在 2000 年 6 月 28 日从京城到白陂市的途中，讲述对象是白圣韬的后人白凌。这部分内容主要是小说的第三部分"OK，彼此彼此"的主要内容。

①　汪民安. 文化研究关键词[M]. 南京：江苏人民出版社，2007：87.
②　汪民安. 文化研究关键词[M]. 南京：江苏人民出版社，2007：88.

可以说，这三个部分彼此独立，其中并不存在一个绝对的权威或绝对的叙述者，对全书起到绝对统领的作用。通过这三个人在不同时间、不同场合的讲述，主人公葛任的形象慢慢浮现出来。

这是由三个人物之口呈现出的多声部的复调结构。而小说《花腔》的复调结构，还表现在正文本与副文本的对话上。关于这一点，作家李洱在小说《花腔》的卷首语里就有提到："读者可以按本书的排列顺序阅读，也可以不按这个顺序。比如可以先读第三部分，再读第一部分；可以读完一段正文，接着读下面的副本，也可以连续读完正文之后，回过头来再读副本；您也可以把第三部分的某一段正文，提到第一部分某个段落后面来读。正文和副本两个部分，我用'@'和'&'两个符号做了区分。"①整体而言，小说的正文本由符号"@"及其后面的内容组成。而这一部分内容也多指向了前述三位讲述者的讲述内容。在这一讲述内容中，贯穿着三位讲述者的口述材料，呈现出较多的主观色彩。小说的副文本由符号"&"及其后面的内容组成。这一部分则是"我"插入的具有纪实意味的历史材料，像是黄炎的《百年梦回》、安东尼·斯威特的《混乱时代的角色》、徐玉升的《钱塘梦寻》、费朗的《无尽的谈话》等。因为这些"史料"的插入，小说整体呈现出非虚构的特点。以"@"为标志的正文本，和以"&"为标志的副文本，在小说中形成主观与客观、口述与史料、真实与虚构的对话。这也便是小说《花腔》复调结构的第二重表现。可以说，作家李洱通过双重复调结构，向我们展示了葛任的一生。

但是，这样的葛任的一生，真的是真实的一生吗？我们真的掌握了历史真实中的葛任吗？恐怕结果也并不是这样。

小说主人公葛任，出生于1899年，乳名阿双，代号"0号"，俄文名是忧郁斯基，诗人、翻译家、语言学家，是20世纪的中国左翼知识分子，曾参加五四运动。1923年在上海大学教授俄文，1932年奔赴苏区大荒山，在国民党对中央根据地进行围剿后，参加长征。1942年6月，

① 李洱. 花腔[M]. 北京：人民文学出版社，2002：1.

时任延安马列学院译员的葛任在二里岗遭遇日军袭击，不幸为国捐躯。有新诗《谁曾经是我》（后改名《蚕豆花》），未完成著作《行走的影子》。这是葛任这一人物的小传。本来这样的人物信息，是小说故事得以展开的基石，但是作家李洱却将这样的基本信息置于风雨飘摇之中。历史真实的大厦坍塌于微小的细节。葛任牺牲后，国共双方对这一事实都不曾怀疑。但是随着报纸上一首新诗《蚕豆花》的发表，让双方都意识到或许葛任并没有死。双方便都派出相关人员对葛任进行搜寻。这也便有了不同立场、不同身份、不同时间的白圣韬、赵耀庆、范继槐的讲述。因为这三位讲述人各自秉持立场的不同，导致原本应更立体、清晰的葛任形象变得模糊不清起来。

　　白圣韬国民党的立场以及作为下属的身份，让他的讲述多了许多谄媚与选择。其中的谄媚，指的便是向范中将表明自己在寻找葛任过程中的不易与辛苦，最终只求赢得"主子"的欢心，以能更往上升一步。其中的选择，则是在讲述中抛弃那些对自己不利的细节阐述。可以想见，白圣韬口中的葛任，是失去了历史真实的，这样的讲述不值得信任。而让人觉得反讽的是，这样一种不被信任的口述，却一直被白圣韬以"有甚说甚"的"憨厚"语气讲出。赵耀庆，他说话的最大特点，在小说中也被李洱直接点明，那就是小说第二部的题目"向毛主席保证"。这是他的长期地下工作形成的审时度势的说话特点。这一倾向也可以从小节题目"革命友谊""盼星星，盼月亮""利用一切可以利用的力量"等看出。而在赵耀庆的讲述过程中，还通篇充满着"俺就知道""俺果然没猜错"等炫耀式的语言与口气。因此说，发生在赵耀庆那里的讲述，也呈现出极强的个人主义色彩。范继槐这样一种位高权重的角色，让他的讲述多了许多政治性的思辨与回避。如他最有代表性的一句话，便是"历史是由胜利者书写的"。也就是说在他看来，白圣韬死了，赵耀庆死了，冰莹死了，田汗也死了，有关的人都死了，就留下了他。那么，历史便是由他打扮的小丑，怎么讲都是盖棺定论的说法。这样的讲述，自然沾染上了极大的随意性与主观性。

一般意义上的复调双声结构，指向的是让读者从多角度、多层面接近故事中的人物，以建构更为真实、立体的人物形象。典型如陀思妥耶夫斯基《罪与罚》中的复调结构。但是具体就《花腔》而言，这样的复调结构，却让人远离真相、远离历史，其对主人公"葛任"人物形象的建构，起到的不是统一，而是分裂的作用。在这样的复调手法的使用下，"葛任"这一人物在历史存在中的真相消失。关于葛任的种种成为"罗生门"，最终真相悬浮，虚无蔓延。

二

小说中关于主人公"葛任"的讲述，最终指向了模糊与虚无。本应在多角度阐释中建立起的鲜明形象，因为作家李洱的巧妙叙述而崩塌。自然，这是他结构整部小说的叙事策略与目的。站在这样的角度，我们也可以这样说，小说中出现的三个讲述者，白圣韬、赵耀庆、范继槐，关于他们，我们也没有什么真相可知。可以想到，如果书写一部关于白圣韬的个人传记，其中同样充斥着各种活着的，或者死去的人的主观回忆性文章。鉴于白圣韬特殊的身份，相信在各类县志材料中也有着关于他的客观、翔实的记录。像是哪一年加入中国共产党，在此后有哪些工作成绩，哪一年背叛革命，哪一年受到戴笠委派，前去执行寻找葛任的任务，等等。而其他主观口述性材料，因为讲述者在其中夹杂了各种复杂的政治立场、暧昧的情感因素等，也会显得不可靠。至于县志等"纪实"材料，如果没有相关史料佐证的话，似也呈现出混沌性特征。也就是说，关于白圣韬，我们同样一无所知。如果将这样的逻辑蔓延，小说《花腔》中出现的赵耀庆、范继槐、田汗、冰莹、葛存道、黄济世、川田等人物，都丧失了自身的真实性。因此在这个意义上，关于"葛任"这一人物真相的消失，必然意味着作品中和他一样的范继槐、赵耀庆等一众人物真相的消失。

历史的真实与虚构，开始成为一种问题，或者说人们开始接受并认为历史也是一种话语，始于20世纪中后期后现代主义的出现。在后现代主义者看来，"历史是知识话语与权力话语结盟的产物，是根据主导意识形态的价值取向反复撰写的充满虚构、想象和加工的文本"①。这样的历史观的发生，自然离不开后现代主义对世界中心的否定、解构主义的风靡、福柯"知识谱系学"的流行以及特里·伊格尔顿的政治主义批评风潮的盛行。在这样的历史观、现实观的指引下，文学领域出现了诸多解构历史、消解历史真实的文本。具体到中国文学领域，出现了如《我的帝王生涯》《1937年的爱情》《褐色鸟群》《边缘》《1934年的逃亡》《罂粟之家》《枣树的故事》等解构历史的小说。这些小说不以与历史事实和历史规范相对应为旨归，它们并不追求历史真实。基于历史是权力话语的一种表现，这些历史小说多以虚构去强调历史事实。这最终造成了历史在这些作家笔下的小说中被拆解得七零八落，失去了完整性、真实性与可靠性。处于中国"新历史小说"或者后先锋主义小说余韵影响下的《花腔》，在对历史与真实的关系处理上，延续了这一手法。这也是前文一直论述的。正如学者指出："先锋历史小说……不再以在小说中实现现实世界为目标，先锋历史小说并没有一个确定的真实和确定的历史可以表示，它们只有在自身产生的同时才产生历史和真实，它们只是在想象化的历程中将一种历史和真实勾勒出来，并不断加以修改，以表明对历史精神化进程的执着思考。"②

以小说《花腔》为代表的先锋主义小说，表面上看确实是对历史真实的否定。他们在小说中不以建构符合历史事实的真实为根本目的，个人真相的消失以及背后历史真相的消失，是他们的叙事目的所在。但是仔细辨别之下，这何尝不是另一种历史真实的表现？在小说《花腔》中，原本盖棺定论的历史真实遭到否定，也就是说葛任似乎在遭遇日军袭击后并没有牺牲。而围绕着这一核心主题，以白圣韬、赵耀庆、范继槐为代

---

① 王祖友. 外语名家访谈录（第二集）[M]. 北京：世界图书出版公司，2016：45.

② 徐肖楠. 徐肖楠集[M]. 广州：广东人民出版社，2021：74.

表的众多见证者出场，讲述了他们对这一事件的看法。如果说作家李洱否定了历史真实中葛任的死亡，那么小说中各方对葛任生存或死亡的描述，何尝不是又建立了一种新的历史真实？如评论家所说："先锋历史小说神秘化、虚构化的历史真实，在表面上背离现实化历史，实际上以虚构形式返回历史的完整性和精神性过程，这些小说对历史形式化的奇特处理，是在向完整的和精神的历史跋涉过程中寻找一条属于自己的必经之路。当现实化历史仅仅作为历史现在的一端而无法容纳整个历史、无法达到历史久远的另一端、无法实现历史完整性时，先锋历史小说创造的奇异化、幻觉化历史力图呈现历史的另一端，修补历史被遮蔽的另一面。"①

三

包括《花腔》在内的历史小说，作家在结构整篇时面临的重要问题就是历史史料如何进入小说。这也是横亘在大部分中国作家中间的重要且典型的问题。因为整个 20 世纪中国历史的宏大与波澜壮阔，是任何一个从事现实主义写作的作家所绕不开的历史。关于历史史料进入小说的方式，在不同代际作家那里也有不同表现。"50 后"作家因其天然的历史经验，他们对历史的把握与书写，更多是来自自身的亲身经历。他们小说中的历史书写，天然地拥有一种信服力。不论是莫言书写的"高密东北乡"还是贾平凹笔下的"商都系列"，都是基于自身生活经验的历史书写。到了"60 后"作家那里，情况似乎有些许变化。他们虽然也生长于跌宕起伏的年代，但是他们对历史的表述与书写，并非全然忠实于客观。如格非、余华、苏童的后现代主义小说风格的尝试，以及本文所论及的李洱小说《花腔》对历史真实的质疑。至于"70 后"作家，在评论界的学者看来他们似乎有着"原罪"意识，那就是他们出生时，"历史"已经离他们远去，因此他们天然地在历史书写中带着一种困境。面对着历史

---

① 徐肖楠. 徐肖楠集[M]. 广州：广东人民出版社，2021：77.

"影响的焦虑"，这一代际作家表现出了自己历史书写的多元化倾向。如作家葛亮，借助口述传统与案头传统，也就是借助"格物"，他试图靠近历史、走进历史、书写历史。正如葛亮在接受采访时所说："还算是青年小说作者的我，去写这样一段历史，不可能没有压力。因为，首先我无法作为一个历史的在场者。"如果做一个类比，葛亮通过"格物"进入历史，就像是学者通过拓片，触摸千年之外荒野中的石碑的温度。荒野中的石碑，因了时间冲刷，很多内容已无法看清，甚至石碑本身行将消亡。为了保存史料，也为了便于携带并研究，复刻的拓片应运而生。留在纸上的部分拓片，与室外的整体石碑遥遥相对，因为拓片的残缺，荒野中的石碑已然以一个整体象征物的形象存在。当学者对拓片包含的每一个细节进行研究时，石碑作为一个整体开始获得宏观历史的象征意义。石碑那沉默但雄壮的形象，相对拓片而言，象征着历史知识的源头与历史的权威。学者对拓片进行研究的过程，也就是进入历史、感知历史权威的过程。这是"70后"作家处理历史的一种方式。另一种典型，就是作家梁鸿。同样是面对厚重的历史，她没有选择用历史材料进入小说，而是让历史材料进入非虚构文学，写出了《梁庄十年》《中国在梁庄》《出梁庄记》。当然，这样一种处理历史材料的方式，也并非那么牢不可破。如"50后"作家王安忆，在书写小说《天香》时，面对未曾经历的明清史，同样也是以那样一段历史的缺席者的身份出现。在这个意义上，面对中国现代史或者当代史的书写，部分代际作家确实存在一些先天优势。但是站在更为宏观的角度上看，如何处理自己未曾生活、经历过的历史，是摆在所有写作者面前的问题。也就是说历史史料以何种方式进入历史，是横亘在所有历史小说作者面前的问题。

那么，话题转回来，李洱的《花腔》，在历史书写上，或者在历史史料进入小说的方式上，到底呈现出哪些属于他自己的独特性？概括起来，可表述为口头史料与案头史料相结合。相信不同代际作家在结构历史小说时，肯定搜集了大量的口头史料与案头史料，因为这是作家掌握并把握历史的基础。如果只搜集案头史料，也就是某种程度上的正史，在历史小说书写过程中或许会丧失历史细节的真实；如果只搜集口头史料，历史小说最终可能呈现出民间史或者野史的偏颇倾向。如作家南飞雁就曾说，写作《省府前街》的首要前提，就是通过阅读各类口头和案头史料，在脑中建构起民国开封的省府前街。为此他曾往返于郑汴，只为寻求第一手的真实可靠的材料。这是作家在写作历史小说时必需的准备。但是，却很少有作家将口头史料与案头史料以并列的方式，呈现在历史小说中。更多的作家选择消化吸收这些材料，在下笔时或者以非虚构，或者以虚构的形式展现。具体到作家李洱的《花腔》而言，他在小说中便将口头史料与案头史料并置，以符号"@"和符号"&"的形式展现。两部分的内容，不存在口头史料或者案头史料谁占上风的问题，两者在文本中地位相当，以正副文本并置、对话、互文的角度，阐释着历史。以往学者在谈到这一点时，多从复调结构谈及其对话性，却鲜少看到这一现象背后彰显的历史材料进入历史小说的创新性。站在这个意义上，这种历史小说处理史料的方式，呈现出一种新意、一种独特性。如果再参考口头史料背后代表的民间立场，案头史料背后代表的官方立场，这样两种史料的融合，或许可以意味着民间与官方立场在小说中的完美配合。

小说《花腔》诞生于新世纪初，站在"新历史小说"余韵的角度，这样的小说呈现出了历史的虚无主义倾向。尤其是小说里葛任那首最具代表性的新诗《谁曾经是我》："谁曾经是我/谁是我镜中的一天/是青埂峰下流淌的小溪/还是白云河边盛开的蚕豆花？/谁曾经是我/谁是我镜中的春天/是阿尔巴特街的蜂儿/还是在蚕豆花中歌唱的恋人？/谁曾经是我/谁是我镜中的一生/是窑洞中的红色火苗/还是蚕豆花瓣那飘飞的影子？/谁于暗中叮嘱我/谁从人群中走向我/谁让镜子碎成了一片片/让一个我变成了那无数个我？"更是被诸多学者用来论证李洱在小说中显现出的历史的虚假。但是，我们如果从小说的正文本与副文本出发，从其背后所象征的民间与官方立场的对话、并置与互文来看，或许充斥在新世纪之初的前路究竟向何方的问题，似乎在李洱那里也有着一种肯定性的回答。这部分消解了李洱新世纪作品中散发出的困惑与迷茫的倾向。

第二节 对现实的追问

《石榴树上结樱桃》是李洱写于 2007 年的作品。这部小说延续了他对乡土中国问题的审视与思考。相比较前部《花腔》来说，这部小说在作品形式的先锋性方面，表现明显减弱。《石榴树上结樱桃》是站在现实主义视角，用现实主义的写作手法，为我们展示了新世纪中国农村，或者说中原大地上一个村庄的权力场。李洱在《石榴树上结樱桃》的《自序》中曾写下这样一段话：

> 石榴产自西域，由西汉的张骞带到东土，而西汉恰恰是我们民族国家形成的源头。樱桃产自东洋，何人何时将之带入中国已无可稽考，而在近代，正是因为日本，我们的民族国家意识才得以觉醒并空前高涨。经过漫长的时光，石榴与樱桃现已成为民间最常见的植物，它们丰硕的果实像经久不息的寓言，悬挂在庭院的枝头。我知道，民族国家的寓言和神话，当然是乡土背景下的寓言和神话，一直是中国作家关注的焦点。但在二十一世纪的今天，构成这个寓言和神话的诸多要素和要素之间的博弈和纠葛，以及由此带来的诸多"悲喜剧"，就像"石榴树上结樱桃"，却需要我们耐心讲述，需要我们细加辨析。①

这是作家李洱的自白，为理解小说题目，进入整部小说，提供了非常好的视角与方法。站在石榴树结出樱桃果实的角度，站在樱桃果实对石榴树的颠覆的角度，笔者认为小说《石榴树上结樱桃》实际上是通过这样一种怪象，暗示其背后人物命运的颠覆，进而指出女性对男性权力话语的颠覆，并最终寓言了更大层面上的西方工业文明对中国传统农耕文

---

① 李洱. 石榴树上结樱桃·前言[M]. 长沙：湖南文艺出版社，2016.

化的某种入侵与吞噬。在这样的角度上，我们可以说这样一部小说，通过层层递进的颠覆性书写，为我们展现了改革开放后、西方资本主义工业文明入侵下，中国当代乡村所遭受的裂变。在传统与现代之间、在中与西之间，中国当代乡村上演着的一出震撼人心的乡村"悲喜剧"。

一

小说《石榴树上结樱桃》的整体脉络还是比较清楚的。它以官庄村委主任孔繁花为核心，着重展现了她为了当上下一任村支书而展开的"权力的游戏"。故事的起因，源自官庄村里一个老人的去世。本来按照政策，老人去世后应该被火葬，但是村里人选择了偷偷土葬。被抓到"小辫子"的孔繁花，被撤掉了原本的村支书职务。本来岌岌可危的村委主任职务，后来在县里妹夫的帮助下勉强保住。这个意外事件，给本来信心满满准备连任下一届村委主任的孔繁花的政治前途蒙上了一层阴影。而全书的故事发展，也就由此展开。

围绕着如何连任，孔繁花作出了诸多努力。"上面千根针，下面一条线"是对基层工作最形象的概括。面对上级政府的各种政策，孔繁花都能条理清楚、分门别类地通知传达清楚。面对村里层出不穷的问题，孔繁花也能逐一破解。最典型的就是村里造纸厂的污染治理。这个造纸厂，最早是前任村支书和自己的亲戚勾结建立的，它出现在官庄村后，村里的自然环境就遭到极大破坏。很明显，这是和国家政策相违背的。因此到了这一任村委主任孔繁花这里，她所要解决的就是如何关闭这一个污染村庄的造纸厂。因为造纸厂背后的利益牵连，所以强硬地直接关闭不切实际，而村委主任孔繁花也是凭借自己出色的为官能力，选择了等，等到有村里人掉到造纸厂的排污河淹死时，再出面关停。站在人道主义视角，这一解决方法是极其残忍的、违背人性的，是以个体生命的牺牲来完成自己的政治任务。但是站在孔繁花的为官之道角度，这一解决方法真可谓"绝妙"。孩子的溺死，成功激起了民愤，为自己做了充分的舆论准备，在此情境下关停造纸厂，就是势在必行。这彰显了孔繁花的政治手腕，也为她之后的连任铺平了道路。但是，就在她认为一切都顺风顺水之际，村里一个女人的肚子，却成了孔繁花挥之不去的噩梦。在20世纪90年代，只超生这一条就足以断送干部的政治生涯。因此姚雪娥日渐隆起的肚子，成为孔繁花的心腹大患。为此，她也展示了自己的诸多政治手腕，但是奈何最终仍敌不过团支部书记孟小红而败走麦城。随着孟小红当上新一任村支书，全书的故事脉络才真正全部浮出水面。

　　孟小红在全书中的形象，是经历了一个反转过程的。她在最初示人的时候，是极其低调的，她总说自己是做丫鬟的，是给孔繁花的连任服务的，自己没有任何的政治欲望，更遑论政治经验。但是在一些细节里也还是能看到她的政治手腕。像是前述治理官庄村造纸厂污染，出主意破解难题的便是她。前文提到的姚雪娥的超生问题，她也凭借自己的政治头脑圆满解决。其他还有像是外国人来官庄考察、平坟等事件，表面上看是孔繁花成功解决的，但是背后都显现着孟小红的智慧与政治魄力。孔繁花对孟小红经常有这样的寄望："繁花这会儿就想，选举完以后，先让小红把计划生育工作抓起来。让小红先抓局部，树立威信，过几年之后就让小红主持全面工作。繁花想，我再干上两届就不干了，到时候我一定想办法把位子传给孟小红。孟小红就是我的影子嘛，我跟她是狗皮袜子不分反正啊，我干跟她干还不是一个样？"①也就是说，在孔繁花看来，孟小红就是她的政治接班人，是她连任村支书之后的下一任继任者。但是孔繁花没有想到的是，这个自己寄予厚望的继任者，会最终背叛自己。孟小红的背叛，孟小红对孔繁花政治权力的颠覆，预示着孔繁花没有培养出和自己一样的政治接班人，预示着她政治理想的破灭。站在这样的角度，我们或许可以这样比喻：孔繁花便是小说里的"石榴树"，孟小红便是"石榴树"上结出的"樱桃"。也就是说，"孔繁花"没有结出"孔繁花"，石榴树没有结出石榴，"孔繁花"结出了颠覆自己的"孟小红"，正如石榴树结出了颠覆自己树种的樱桃。这是"被颠覆

① 李洱. 石榴树上结樱桃[M]. 长沙：湖南文艺出版社，2016：66.

的'石榴树'"这一主题的第一个层面的表现。在这个层面上，我们看到了孔繁花在乡村权力场，乃至县市权力场内运作权力的能力。这也是整部小说在显性意义上告诉我们的。在隐性意义上，通过孟小红最后成功当选下一任村委主任，我们也想象性建构了孟小红玩弄政治权力的能力。虽然孟小红最终颠覆了孔繁花的村委主任连任，但是归根到底，这是女性对女性的颠覆，是乡村女性政治权力的内部斗争。由此现象出发，便引出了"被颠覆的'石榴树'"这一主题的第二个层面的表现。

二

一个显而易见的事实是，传统中国社会是儒家伦理主导下的男权社会。男性在两性中拥有绝对的权力。"在家从父，出嫁从夫，夫死从子"，是古代女性需要严密恪守的教条。历史中女性的声音被忽视，或者说女性就没有能力发出自己的声音，"沉默的大多数"，是她们历史形象最好的注脚。胡文楷在《历代妇女著作考》一书的《自序》中就曾言："古代名媛之集，镌印不多，红香小册，绿窗零帙，流传极少。"[1]学者江畬经也曾说："自刘略、荀薄、王志、阮录出，目录之记载始盛。隋书经籍志闺秀艺文，备列于篇。夷考唐宋明清诸史所著录者，不过数十人而已。余曩长《涵芬楼》采访群籍，而妇人之集寥寥。"[2]以男性为中心建构封建社会秩序，将女性排除在外，是古代社会运行的常态。这些典型表现在乡村政治生活领域。如学者指出："在深深刻有男性本位主义印记的村庄政治中，对妇女参与公共事务的排斥往往是结构性排斥，表现在村庄政治的规范系统——如将对妇女的歧视性规定写入'村规民约'，甚至有的村规民约规定'只有男性家庭成员才能参加村里召开的各种会议'。"[3]社

会政治生活参与的缺失，必然导致了文学作品中相应现象的空缺。翻开古代典籍，看到的永远是政治场上男性的面孔。从唐传奇到宋话本，再到明清小说，著名如《红楼梦》，也没有表现女性参政议政的画面。退一步而言，中国古代文学作品中对女性形象的展示，也多呈现出性别歧视的倾向。像是《三国演义》中，关羽与刘备的两个妻子共处一室而不生淫念，随后又拒绝了曹操送给他的十个美女。在这里，男性要成为英雄，必须要过的便是美人关，或者说是美色关。像是《水浒传》，里面不仅塑造了潘金莲、巧云等淫妇形象，就是那些所谓的正面女性形象，如顾大嫂、孙二娘，也不甚美好。如描写孙二娘的"眉横杀气，眼露凶光"，写顾大嫂的"眉粗眼大，胖面肥腰"等。在这个意义上，小说《石榴树上结樱桃》展现的乡村女性政治权力斗争，以女性为权力中心的乡村书写，一改历史上女性在权力场缺失的状况，展现了对传统男权社会男性权力中心主义的颠覆。

　　具体来说，小说《石榴树上结樱桃》站在孔繁花作为村委主任角度，整体呈现出了女性当权者对官庄村男性村民的抑制与规约。这在小说中有诸多表现。像是全书开篇，主管妇女工作的庆书向孔繁花汇报工作，主要谈及的是姚雪娥的超生问题。作为村支书的孔繁花在听过汇报后，这样跟庆书讲："今天的会议你不是想知道吗？没错，是布置村级选举的会。可是管计划生育的张县长也发言了，还是长篇发言。你是管这一块的，我本想明天告诉你的，现在就给你说了吧。上面千条线，下面一根针，张县长可是强调了，基层工作要落到实处。计划外怀孕的要坚决拿掉。只要出现一个，原来的村委主任就不再列入选举名单了。出现两个，班子成员就得滚蛋，滚得远远的，谁也别想成为候选人。"①这段话中有很强烈的权力色彩。像是参加县里会议的特权，提前知道许多政治消息的霸气。孔繁花的一句"滚蛋"，在逻辑上说的是自己和其他村委会班子成员，但是这里，更多意指的是向她汇报工作的庆书。这是对他的敲打，对他的警醒。这样一幕，似曾相识，或许曾无数次出现在政治权

---

　　① 李洱. 石榴树上结樱桃［M］. 长沙：湖南文艺出版社，2016：11.

力斗争场面里。只是这一次，女性是政治权力执掌者，并表现出了对男性的压抑。这样的被颠覆的性别政治内涵，在小说中还多有表现。像是孔繁花在找不到姚雪娥时，"用那个笔记本敲了敲板凳：'铁锁，你刚才有句话我特别欣赏，活要见人，死要见尸。对，这也是组织上对你的要求'"①。这里提到的"组织"，其实就是孔繁花本人。这是孔繁花站在权力高位上，对村民铁锁的威逼。还有"繁花停顿了一下，又说：'你刚才说什么？给我汇报？你是在给村委会汇报你知道吗？明说了吧，雪娥肚子大了，你也有一半责任。同志们都在帮助你，关心你，你知道吗？你对得起同志们的关心吗？你让同志们说说，你对得起谁了？'"②这接连的反问句、质疑性语气，无不昭显着孔繁花拥有的权力。

概而论之，小说《石榴树上结樱桃》是以女性为主角进行建构的小说，围绕着女主角孔繁花的连任与否，小说展开了整体的叙述。而且，就小说故事的结局而言，也就是孟小红出任官庄村村委会主任一职而言，可以想见，官庄村之后仍是女性掌权的世界，将会继续着女性对男性的统治与控制。孔繁花出任村委会主任这一所谓的"越界"行为，是对传统村庄既定性别秩序的"扰动"，也就是男性掌权的性别权力秩序的颠覆。这一站在女性视角，书写中原乡土世界里女性操弄政治的小说，鲜明体现出对传统男权社会的颠覆。这也是"被背叛的'石榴树'"这一主题的第二层面的含义。

三

中国农村开始成为一个"问题"，或者说中国农村传统的农耕文明较大规模地遭遇西方工业文明，始于五四新文化运动的发生。以现代性为准绳，以西方现代化为衡量一切的标准，在五四文学革命后的多年时光里，中国人跟随着西方的脚步，亦步亦趋。农村不再是孕育中国先进文

---

① 李洱. 石榴树上结樱桃[M]. 长沙：湖南文艺出版社，2016：72.
② 李洱. 石榴树上结樱桃[M]. 长沙：湖南文艺出版社，2016：75.

化的"母体"，它在每一代作家那里都被刻上了或愚昧或落后的，不那么积极、正面的印记。20 世纪 20 年代鲁迅笔下的"未庄"，村外满是水田，遍野的新绿，但是内部，也就是人们的精神层面，却是浸润着千年封建文化的糟粕。30 年代沈从文笔下的"边城"，向大家展示了风景如画、人性至善，但同时人们也都明白，这只是沈从文的一种"想象性建构"，对故乡的"田园牧歌式"的理想化书写。40 年代赵树理笔下的农村，展现了处于社会变革时期新农村的生活风貌。中华人民共和国成立后的社会主义体制，导致城市对农村依赖性进一步加强，城市对农村市场的需求性进一步加强。[①] 1978 年改革开放之后，中国开始更广泛、更深入地融入世界。努力实现社会主义现代化，是每个国人奋斗的方向。作为较早开始现代化进程的城市，自然成为农村人眼中向往的所在。他们歆羡着城市里"楼上楼下电灯电话"的现代化生活，羡慕着可以像城里人一样坐在窗明几净、一尘不染的办公桌前。扎根城市，是当时多少亿农民心内的愿望。这也造就了数以万计的农民进城，他们在城里挥洒着汗水，建构着梦想，但是与之相伴的，城市里以物欲为代表的精神状态，也随着这些农民返乡，而对农村有了深刻影响。这些进城农民为城市付出着血肉，却在无意中遭受着城市的反噬。正如学者指出："在一个国家走向现代化、城市化时，农村人口向城市人口的地域转移，分化与流动中以实现农村大量的剩余劳动力向第二三产业转化为根本内容；'工业化'以其特有的社会分工改变了人们的职业价值观，同时也铸炼出城市生活特有的现代性质素，现代性渗入与生长的过程，也是心灵秩序的重整与社会规范整合的过程。城市化窒息了传统人伦机制，所催生的新型伦理建构将激发人们做出具有契约理性特征的行为选择。新的城市生活以其特有方式涤荡着农民身上所积累的传统因子，他们的伦理价值观和社会行为发生了巨大变化。他们自觉不自觉地与传统区别，形成新

---

① 黄沛骊，何一民·中国城市通史(民国卷)[M].成都：四川大学出版社，2020：492.

的现代思维。"①如果说，20 世纪 80 年代整个中国还沉浸在对理想的诉说中，那么到了 90 年代，尤其是 1992 年邓小平南方谈话以后，发展社会主义市场经济成为国家层面最为明确的共识。如何通过致富实现现代化，是当时许多中国人念兹在兹的所在。但是金钱裹挟着物欲，却也造就了一些城市人疯狂地追逐利益与利润，抛弃理想与道德，信念感丧失，思想滑坡。过度膨胀的物欲创造了一个邪恶的世界，它也摧毁着那个亦步亦趋向它学习的乡村世界。小说《石榴树上结樱桃》展现的正是这样一个遭遇现代城市文明，或者更直接地说，遭遇西方工业文明侵蚀的中国农村现状。

西方工业文明对中国传统农耕文明的入侵，在小说中典型表现在张殿军这一人物形象身上。在小说开头，李洱是这样介绍张殿军的："她的男人张殿军，是倒插门来到官庄村的，眼下在深圳郊外的一家鞋厂打工，是技工，手下管了十来号人。殿军自称在那里'搞事业'。种麦子怎么能和'搞事业'相比呢？所以农忙时节殿军从不回家。"②20 世纪 90 年代的深圳，处于改革开放最前沿，"它所处的这种独特的沿海区位优势，自然也就会首先受到西方工业文明的海风影响"③。在这个意义上，种麦子不能和搞事业相比这句话，背后也就意味着传统农耕文明在遭遇西方工业文明后价值认同的部分丧失。之后，小说中多次出现的张殿军，更多是作为西方工业文明的一个符号而出现。他因为从深圳回来的身份，而被官庄村的人们尊重与崇敬。如孔繁花在向许校长介绍张殿军后，许校长说可以让"张先生"来学校讲课，"讲讲改革开放的大好形势啊，村里上千口人，谁有张先生见多识广？……张先生的成就可是有目共睹的，成功人士，弄潮儿。张先生在哪里工作？深圳！深圳什么地方？改革开放的最前沿。张先生要是不能讲，'改革开放'四个字整个溴水县就没人敢提了。眼界，关

① 黄轶.“现代反思”下的价值困惑与德性坚守——新世纪张炜小说转型论[J].中国现代文学论丛,2009(2).

② 李洱.石榴树上结樱桃[M].长沙:湖南文艺出版社,2016:1.

③ 刘茂才.邓小平与特区理论研究[M].成都:四川人民出版社,2001:225.

键是眼界。时间是金钱，眼界是效益。"①虽然这些话里夹杂着许校长的阿谀奉承，借由拍张殿军马屁进而抬高孔繁花地位的心思。但是其中还是显露出许校长对张殿军从深圳回来，从"沐浴"着西方工业文明的地方回来，肯定会"涤荡"官庄村村民思想的肯定。而这样的表扬，还多次出现在张殿军出现后的不同场合。在这个意义上，似乎可以说以官庄为代表的传统农耕文明，在遭遇西方工业文明的入侵后失守，丧失自己的堡垒。这也是"被颠覆的'石榴树'"这一主题第三个层面的表现。

可以说，小说《石榴树上结樱桃》的"颠覆"主题，从孟小红对孔繁花的权力颠覆开始，以女性对女性政治权力的颠覆，以女性在乡村政治权力的书写，隐喻了背后的当代中国农村社会女性政治权力对男性政治权力的颠覆，最终表征了中国传统农耕文明在遭遇西方工业文明后的失守。这也有力印证了小说中出现的那首童谣：

> 颠倒话，话颠倒
> 石榴树上结樱桃
> 兔子枕着狗大腿
> 老鼠叼个狸花猫

但是，延续千年的中国传统农耕文明真的失守了吗？真的在遭遇西方工业文明后一败涂地吗？事实也并非这样。如果我们看到张殿军精神失常这一结局，就会对西方工业文明与中国传统农耕文明的关系，有进一步的思考。在小说的结尾处，选举前一天，小说向我们展示了这样一幅场景："殿军坐在床头给繁花削苹果，削着削着就把手指头割破了。殿军把苹果放下，用刀子削起了手指，繁花赶紧把刀子夺了过来。繁花现在知道了，殿军在外面受刺激了，大刺激，得赶紧去医院查查了。"②

---

① 李洱. 石榴树上结樱桃[M]. 长沙：湖南文艺出版社，2016：59.
② 李洱. 石榴树上结樱桃[M]. 长沙：湖南文艺出版社，2016：207.

在小说中，作为符号"张殿军"疯了，这某种程度上意味着西方工业文明自身的不健全、不完善，自身内部的矛盾丛生，以及背后的中国传统农耕文明的内蕴深广、自我更新、复杂多变。以往文学作品中对中国乡土社会的书写，多是站在城乡二元对立视角，或是单纯批判传统农耕文明，或是单纯批判西方工业文明，较少揭示这两种文明碰撞、交织后的复杂性。李洱在《石榴树上结樱桃》中便从农村的根部、细部出发，从实际生活出发，展现了两种文化遭遇、融合过程中的复杂性，人们思想变迁的复杂性。更为难能可贵的是，在这样的视角下，传统农耕文明摆脱了先前完全正面"田园牧歌式"的单纯形象，或是承载着愚昧、落后的封建糟粕的负面形象。西方工业文明也摆脱了先前的固化形象，展现出一种复杂内蕴。这正如首届"华语图书传媒大奖"颁奖词所评价的：这部小说"恢复了乡土中国的喧哗、混杂，恢复了它难以界定、包孕无穷可能性的真实境遇"①。

第三节 对人往何处去的追问

李洱小说《应物兄》自问世以来，便得到了批评界的广泛关注。概括起来，学界多从"应物兄"这一核心人物②的现实层面进行解读，较少关注到"应物兄"这一符号的隐喻、象征意义。学者文贵良曾指出："《应物

---

① 李洱. 石榴树上结樱桃(插图版)[M]. 北京：新星出版社，2011：230.

② 应物兄是不是整部小说的主角，批评界众说纷纭。否定的一方，如学者谢有顺，他认为小说的主角是知识分子群体；学者熊辉认为应物兄是小说故事的叙事者，并非主角。至于肯定的一方，如学者孟繁华认为小说中的所有人物几乎都与应物兄有关系，因此他是主角；学者丛治辰认为应物兄是小说的主角，因为这能聚拢更多细节，提供更多意义，指向更多可能性。在此笔者认同学者丛治辰的观点，认为既然整部小说并非由因果推进的线性逻辑叙事，那么，人物行动力的强弱便不应成为判断人物是否为主角的标准。如果视应物兄为主角，能够为作品提供更多的意义与可能性，那么应视其为小说的主角。此外，在学者舒晋瑜采访李洱时，舒晋瑜提到应物兄是主角，李洱并没有明确反对，或许可以说在作家李洱心中，应物兄是小说的主角。因此，笔者在本文中将应物兄作为小说的主角，或是核心来看待。

兄》是一部维特根斯坦意义上的语言游戏之作。"①也就是说，《应物兄》里出现的诸多日常语言，其能指与所指组合构成了复杂的隐喻空间与意义链。这典型表现在"应物兄"这一核心符号身上。具体而言，通过建构一个分裂的符号——应物兄，李洱向我们展示了在"立法者"与"阐释者"身份之间徘徊的一代知识分子群体的迷惘。更进一步地，他在象征层面上提出了每个个体在信仰坍塌后究竟选择"往何处去"这一恒久命题。

一

人是符号的动物，人的肉体（能指）与精神（所指）稳定地组成了作为符号的人自身。那么，应物兄是人吗？答案显而易见，应物兄以"人"的肉体思考并行动。但是，应物兄有时也"非人"，他时常展现出多种生物相貌。肉体（能指）不断变化而造成的精神（所指）意义的无限延宕，最终建构了分裂的符号——应物兄。

小说中对应物兄的人物设定是"虚物赋形""应物变化"。② 这是应物兄自己所言的"与时迁移，应物变化，立俗施事，无所不宜"③，也是学者杨辉指出的：应物兄"在外部世界之人、事、物变化之中无力应对"④，随物变化。当然，这是站在"虚物赋形""应物变化"的文化意义上，也就是背靠其后强大的儒释道传统文化而言。但是，当我们拨开文化意义，探究"虚物赋形""应物变化"的基本义——真实地随着外部变化

①　王尧，郜元宝，文贵良，等.《应物兄》给文学史留下了怎样一根骨头（上）[J]. 名作欣赏，2020(7).
②　小说里对应物兄的人物设定是"应物而无累于物"，但是诸多学者已经从反讽视角对其进行解读，均指出应物兄内在性格与这句话的相悖处，多指认"应物却累于物""应物变化"，才是应物兄的真实性格。参见姚瑞洋. "无物"以应物：论《应物兄》的生命哲学[J]. 当代文坛，2019(4)；安琪，张喜田，王启俊，等. 李洱《应物兄》研究（笔谈）[J]. 河南师范大学学报（哲学社会科学版），2020(4).
③　李洱. 应物兄[M]. 北京：人民文学出版社，2018：671.
④　杨辉.《应物兄》与晚近三十年的文学、思想和文化问题[J]. 中国现代文学研究丛刊，2020(10).

而改变自身的形态，会发现"虚物赋形""应物变化"隐喻了应物兄的多种生物相貌。

应物兄有时是动物，如"鱼"。在第 96 节《鱼咬羊》中，介绍到鱼咬羊这道菜时，应物兄身体部位的疼痛，正对应着那条没了内脏的鲤鱼，从腮开始，到胃，再到肠子的疼痛过程。站在隐喻角度，将应物兄视作那条没了内脏的鱼，似乎也顺理成章。有时，应物兄也是"羊"。人为了吃到更鲜美的羊肠，不惜让羊肠的尾段脱肛，因为这样的羊肠更有弹性、嚼劲更强。听到这里的应物兄，觉得自己的肠子疼，在隐喻角度，这也似可视作应物兄是那头脱肛的羊。有时，应物兄还是"无头的蜜蜂"。在第 97 节《它们》中，被斩首的蜜蜂虽然身首分离，但仍然扑向应物兄：

> 它扑地太猛了，身体跑到了前面，脑袋却从它的腿间溜了出去。……应物兄突然觉得自己的后脖颈有些冷。①

没了头的蜜蜂应物兄，身首分离的蜜蜂应物兄，后脖颈是会有些冷。而有的时候，应物兄不再是动物，而是器物。如"刷子"。在第 89 节《The Thirdxelf》中，芸娘对应物兄说了这样一番话：

> 应物，现在那煤炭暗了下去，所以需要刷掉外面的灰烬，然后继续刷。一个刷子不够，那就用两把刷子，三把刷子。我想，你可以成为那第二把刷子。可你现在正忙着刷别的煤炭。②

此处的应物兄，在隐喻角度，是刷煤炭外面灰烬的刷子。

如果说上述还都是实体化的应物兄，那么在学者王婕好看来，应物兄则是虚化的"鬼魂"。她指出："随着应物兄破旧的轿车缓缓启动，开

---

① 李洱. 应物兄[M]. 北京：人民文学出版社，2018：991.
② 李洱. 应物兄[M]. 北京：人民文学出版社，2018：889.

上一条他不知走过多少次的旧路，小说却在他出车祸后生死不明的瞬间
戛然而止。让人难以置信的是，原本看似不能终结的叙事竟然就此打住
了？但如果将小说看成一次记忆返还，即叙事起点是应物兄发生车祸的
瞬间，那将呈现出一个颇为有趣并且开放的架构。"①

　　不论是将应物兄实体化为动物、器物，还是虚化为鬼魂，都不是笔
者或者评论者的异想天开。关于小说中动植物与应物兄的隐喻关系，学
者丛治辰曾在多个场合进行阐释。在他看来，"《应物兄》大量谈及狗、
猫、鸟、驴及植物，显然都和知识分子构成复杂的隐喻关系。"就连作者
李洱本人也说："书中出现过的动植物也是我"②。在隐喻角度，我们可
以相信应物兄的"非人"属性。也是在这个意义上，如果我们再来审视应
物兄的人物设定——虚物赋形、应物变化，或许可以讲：作为"人"的肉
体的应物兄，在精神上应物变化；作为"非人"的应物兄，在肉体上虚物
赋形。应物兄的能指——肉体，与所指——精神，不再构成稳定、紧密
的连接关系。作为人的肉体的应物兄，其背后存在着无数的精神"所指
群"；作为"非人"的应物兄，其背后也指向无数的"所指群"。应物兄的
能指（肉体）与所指（精神），不再如一张纸的两面那样紧密地贴合在一
起，二者产生了巨大的缝隙。能指与所指意义间的无限延宕，致使应物
兄这一符号不再指向统一，而是意味着分裂。

　　但是，分裂的符号——应物兄，其背后绝不意味着作家李洱对这一符
号意义的消解，也绝不意味着整个小说由此便滑入意义的虚无与悬空。这
不是致力于关注现实、关心当下的李洱所想要表达的。李洱曾说："我想
我这辈子只写三部长篇……写一部关于现实的，就是这部《应物兄》。"③这

---

　　①　王婕妤. 当语言卡入时间之缝——李洱《应物兄》阅读札记[J]. 上海文化，
2019(7).

　　②　丛治辰. 偶然、反讽与"团结"——论李洱《应物兄》[J]. 中国现代文学研
究丛刊，2019(11).

　　③　李洱，张杰. 长篇小说在试图与"碎片化"对抗——李洱访谈录[J]. 记者观
察，2019(25).

表明了创作《应物兄》时作家李洱鲜明的现实关怀与态度。学者孙甘露也曾指出，李洱的这部《应物兄》回应了现实主义传统，在中国小说传统的承继问题上，为我们提供了诸多可讨论的空间。① 学者朱羽甚至指出，《应物兄》这部小说应该被视作一部"现代史诗"。② 那么，在这个意义上，作为分裂的符号的应物兄，其背后应该有着极为明确的文本的现实指向意义。在笔者看来，这指向的便是徘徊在"阐释者"与"立法者"之间的应物兄一代知识分子群体的迷惘与犹疑。

二

学者鲍曼曾指出：如果说在现代主义社会，人们普遍相信"世界在本质上是一有序的总体"，知识分子因为拥有知识而成为"立法者"，那么在消费主义社会，人们不再认为世界存在着一个逻各斯中心，知识变成相对的、短暂的、变化的，社会秩序的维护不再需要知识分子，"阐释者"是他们的新身份。而"阐释者"存在的目的，就是解释实践、惯习、沟通主客体。③ 小说中的应物兄，正是消费主义时代下典型的"阐释者"。这典型表现在应物兄在程济世与其他主体之间的"阐释"。

先来看应物兄对程济世生活状况的阐释。如在第 1 节《应物兄》里，葛道宏问到了程济世的北京之行，应物兄则向葛道宏阐释了老师程济世这趟行程的衣食住宿等安排。又如在第 9 节《姚鼐先生》里，乔木在与弟子应物兄的例行谈话结束后，问他程济世是否要从美国回来，这时的应物兄阐释道：程济世先生只是表示了退休之后愿意回到济大，但是能否成行，还没有最终敲定。其他像是程济世爱吃仁德丸子、爱拉二胡、喜

① 王尧，郜元宝，文贵良，等.《应物兄》给文学史留下了怎样一根骨头（上）[J]. 名作欣赏，2020(7).
② 郭冰茹，朱羽，罗岗，等.《应物兄》给文学史留下了怎样一根骨头（中）[J]. 名作欣赏，2020(10).
③ 齐格蒙·鲍曼. 立法者与阐释者：论现代性、后现代性与知识分子[M]. 洪涛，译. 上海：上海人民出版社，2000：4.

欢济州的兰花等生活喜好，应物兄也一并阐释给他人。其次，来看应物兄对程济世思想的阐释。如在第 17 节《奇怪得很》中提到，应物兄将程济世的著作《儒学新传统与中国现代性》由英文翻译成中文；在葛道宏问到为什么有人称呼程济世为帝师时，应物兄解释说："这是因为程先生从儒家的观点，分析了明清两朝皇帝的得与失，着重分析了皇帝的师傅在给皇帝上课的时候，什么地方讲对了，什么地方讲错了。……看到这些文章，有人说，程先生要是帝师就好了。"①在第 42 节《双林》中，葛道宏又向应物兄问起为何程先生如此喜欢蝈蝈，应物兄这样答道："蝈蝈，又叫螽斯。程先生认为，'螽'字上头的那个'冬'字是'慎终追远'的本义。下面两个'虫'字在一起，则指的是人与人之间的关系，应像乾坤两卦维系日月之温暖，又指人与人，人与动物，应和谐相处。"②可以说，在与程济世见面的日子里，应物兄"照例录下了程先生的话"③；在无法与程济世见面的日子里，应物兄则把程济世的录音"翻来覆去听了无数遍，在程先生的语气中，悉心体会着程先生的真情实感"，并将其"整理成文，呈给了葛道宏"。④还有的学者指出，在小说中应物兄对于"美女/美人"的辩证、对"丧家狗"与"丧家犬"的分殊，也都是对程济世思想的发挥与阐释。⑤可以说，在小说中应物兄十分称职地扮演了自己"阐释者"的角色，尽职尽责地在程济世与其他人之间做着沟通、翻译、阐释的工作。甚至在某种程度上可以讲，正是因为应物兄在程济世与他人之间不断地沟通，才推动了这部小说故事情节的向前发展。

但是，消费主义时代的知识分子应物兄，并不满足于只做一个"阐释者"，他也有着对现代知识分子"立法者"身份的坚守。首先，他的"立

① 李洱. 应物兄[M]. 北京：人民文学出版社，2018：129.
② 李洱. 应物兄[M]. 北京：人民文学出版社，2018：352.
③ 李洱. 应物兄[M]. 北京：人民文学出版社，2018：154.
④ 李洱. 应物兄[M]. 北京：人民文学出版社，2018：155.
⑤ 郭冰茹，朱羽，罗岗，等.《应物兄》给文学史留下了怎样一根骨头（中）[J]. 名作欣赏，2020(10).

法者"立场表现为对自己"阐释者"身份的怀疑。如在对程济世的儒学思想阐释完毕后，应物兄经常会有这样的自我疑问："我呢？我是一个真实的儒家吗？"①如果他笃定程济世及其儒学思想，那么便不会有这样的自我质疑。换言之，正是因为怀疑自己的"阐释者"身份，才有了这样的自我反问。又如在第20节《程先生》中，当程济世提到一个人的性格就是他的命运时，应物兄不断地进行自我诘问。一会儿他觉得自己性格好，命不好；一会儿又觉得性格不好，命很好，因为遇到程先生；最终，他问向自己："性格好命不好，和性格不好命好，哪个好？"②这短短三句话充满着犹疑与彷徨，而其背后指向的，正是对自身"阐释者"身份的怀疑。其次，应物兄的"立法者"身份表现为对知识正确性、有效性的笃定，对知识分子构建合理有序秩序的维护。在第24节《喷嘴》里，应物兄劝费鸣加入儒学研究院时，这样说：

> 只有做有意义的事，我们才会感到快乐。现在我们要做的就是一件有意义的事。我们的目标是，在不远的将来能够成立一个儒学系，一个正式纳入学科招生计划的儒学系。这将开创中国人文学科的历史。没有一个正儿八经的学科，我们的儒学研究便很难称为学术，非史学，非文学，亦非哲学，不伦不类。没有学科建制，我们就是孤魂野鬼，当然不快乐。如果成立一个儒学系，与自己的学科建制、自己的招生计划，那就会感到知行合一，事业有成，身心快乐。③

支撑应物兄说出这番话的，相信是他对现代理性社会秩序的笃定。在承认世界是个有序整体的前提下，他在行使着自己作为"立法者"的权

---

① 李洱. 应物兄[M]. 北京：人民文学出版社，2018：851.
② 李洱. 应物兄[M]. 北京：人民文学出版社，2018：156.
③ 李洱. 应物兄[M]. 北京：人民文学出版社，2018：187.

力，其中有他实现自身价值的努力，有他对学科发展的规划，也有他对美好社会的建构。在这个意义上，应物兄也并非在消费主义社会中完全沦为"阐释者"。

指出应物兄"阐释者"与"立法者"的双重身份，并非为了对其两种身份进行价值上的高下判断，而只是为了表明这样一种观点：处于夹缝中的应物兄一代，他们在"阐释者"与"立法者"身份之间犹疑、徘徊，不知往何处去。具体而言，小说里明显交代了三种代际的知识分子群体：一是老一辈知识分子群体，以双林、何为、芸娘等为代表；二是新一代知识分子群体，以易艺艺、张明亮、珍妮为代表；第三种，便是以应物兄为代表的中生代知识分子群体。双林、何为等老一辈，他们经历过战争的磨砺、中国的历史伤痛，对信仰的坚持，让他们的学术之路、人生之途走得坚定、厚重。如双林，为了"两弹一星"事业，他甘愿孤身隐匿大西北，与妻儿不相往来，他在生命的最后时刻，仍然惦念的是当初一同并肩作战的"战友"。可以说，是真正的信仰——对祖国繁荣富强、对人民过上美好生活的追求，支撑他走完这璀璨的一生。又如被视为"圣母"，"凝聚着一代人情怀"①的芸娘。她的名字，便是对民主主义战士闻一多的致敬，致敬他严谨的治学方法、坚定的学术追求。可以说，双林、何为、张子房、芸娘等老一辈知识分子，"他们是意志的完美无缺的化身"②。至于新一代知识分子群体，他们也是坚定的一代，因为他们中有的价值观念完全被现实利益攻陷。有为了上位而不惜采取性手段的易艺艺，有为了留校而不惜喂马养蝈蝈的张明亮，还有打着学术目的满足个人私欲的达尔文。这些所谓的知识分子，他们是资本的奴隶，臣服在物质与个人欲望面前。不论是老一辈知识分子，还是新一代知识分子，他们都目的明确地活着。只是对于应物兄一代，他们经历过20世纪80年代的思想大解放，见识过把理想作为人生终极目标的崇高；他

---

① 李洱. 应物兄[M]. 北京：人民文学出版社，2018：842.
② 李洱. 应物兄[M]. 北京：人民文学出版社，2018：945.

们也正在经历消费主义浪潮的侵袭，目睹着资本、物质对人的异化。他们一方面希望回归"立法者"的身份，重新站到历史舞台的中央，制定社会前进的宏伟蓝图；另一方面甘于边缘，称职地扮演着"阐释者"的身份，在主客体之间不遗余力地做着沟通。这也正如学者熊辉指出的，应物兄一代知识分子是"分裂而矛盾的一代"，他们"一方面保留了20世纪八九十年代知识青年的理想情怀，另一方面又被经济浪潮毫不留情地卷入物欲的追逐中"。① 艰难，是处于夹缝中的应物兄这一辈知识分子们的处境，因为他们不知往何处去。而这，也正是作家李洱建构分裂的符号——应物兄，所想要指向的现实层面。

三

如前所述，分裂的符号——应物兄，在文本的现实层面指向了一代知识分子不知往何处去的精神困境。与此同时，作为"在艺术上，写实性隐藏象征性"②的《应物兄》，也借助分裂的符号——应物兄，在象征层面上提出了每个个体都要遭遇的话题，那就是在信仰坍塌后，是选择生存还是毁灭。

先来看整部小说最耐人寻味的结尾：

> 起初，他没有一点疼痛感。他现在是以半倒立的姿势躺在那里，头朝向大地，脚踩向天空。他的脑子曾经出现过短暂的迷糊，并渐渐感到脑袋发涨。他意识到那是血在涌向头部。他听见一个人说："我还活着。"
>
> 那声音非常遥远，好像是从天上飘过来的，只是勉强抵达了他的耳膜。

---

① 熊辉. 知识分子价值观念的蜕变与现实困境——李洱《应物兄》对当代学人的代际书写[J]. 当代作家评论，2019(3).

② 行超，教鹤然. 力求慢生活，慢写作[N]. 文艺报，2019-08-23.

他再次问道："你是应物兄吗？"

这次，他清晰地听到了回答："他是应物兄。"①

应物兄遭遇车祸后究竟是死亡还是幸存，是学者们众说纷纭的一个话题。学者徐勇、张喜田、李音等都认为"应物兄在一场突如其来的车祸中丧生"②。至于学者孟繁华、丛治辰以及王春林等，则认为应物兄的结局，"恐怕也就只能是因为遭遇车祸而一时生死未卜"③。生存还是毁灭，这对应物兄而言，确实是个问题。

如果说在小说伊始，应物兄还是个有信仰、有追求的中年学者，一心追随儒学大师程济世，想要在济州大学建立儒学研究院以赓续自己的学术事业，那么在小说结尾，随着程济世这一"精神领袖"的坍塌，应物兄的学术理想与崇高追求，也一并坍塌。那个曾经高谈阔论要用儒学振兴中国传统文化的程济世，背地里却与人发生一夜情；那个标榜为了国内儒学事业而回来的程济世，私下却讲是奔着仁德丸子才要回到济州；那个在人前侃侃而谈教人向善的程济世，为避免惹祸上身，在艰难岁月里，竟然迫切地希望家里的丫鬟去死。更不要提这样的程济世教育出的吸毒的儿子程刚笃、儿媳珍妮，以及生出的畸形孙子。应物兄曾经视作"精神领袖"的程济世，到头来却是这样一副嘴脸，这不禁让其哑然。而退一步讲，一个"精神领袖"的坍塌，并不必然意味着应物兄学术信仰的坍塌，但是当我们纵观整部小说，却发现周围的人、事与环境，已不允

---

① 李洱. 应物兄[M]. 北京：人民文学出版社，2018：1037.

② 参见徐勇. 无限的敞开与缺席——李洱《应物兄》论[J]. 中国当代文学研究，2019(3)；安琪，张喜田，王启俊，等. 李洱《应物兄》研究（笔谈）[J]. 河南师范大学学报（哲学社会科学版），2020(4)；郭冰茹，朱羽，罗岗，等.《应物兄》给文学史留下了怎样一根骨头（中）[J]. 名作欣赏，2020(10).

③ 参见孟繁华. 应物象形与伟大的文学传统——评李洱的长篇小说《应物兄》. 当代作家评论，2019(3)；丛治辰. 偶然、反讽与"团结"——论李洱《应物兄》[J]. 中国现代文学研究丛刊，2019(11)；王春林. 权力与资本场域中的知识分子——关于李洱长篇小说《应物兄》[J]. 作家，2020(6).

许应物兄坚持自己的学术信仰。这最典型体现在儒学研究院最终变为太和投资集团。不论是栾廷玉、葛道宏、梁招尘、董松龄，还是铁梳子、季宗慈、黄兴、敬修己（郏象愚），甚或是乔引娣、金彧，这些人从头到尾都是在围绕太和投资集团的建立，而不是儒学研究院的成立，拨弄着属于自己的算盘。只有应物兄一个人，憧憬着自己的学术梦。更为讽刺的是，那些本该给应物兄以精神支撑的张子房、双林、何为等知识分子，却一个个生命陨落。再退一步而言，即使一个人学术理想坍塌，这也并不意味着这个人一定走向毁灭，因为他还有着世俗生活。但是对应物兄而言，他的世俗生活信仰也已坍塌。他忘不了记忆深处妻子与人出轨的画面，他也无法对女儿与自己的精神隔膜释然。而最终应物兄出轨电台女主播，则是他对自己生存信仰的自我吞噬。这种种的一切，最终摧毁了应物兄的生活信仰。如果说20世纪80年代的应物兄，对信仰的笃定，让他意气风发，"口若悬河，妙语连珠"，他"通常不笑，笑了一定是在表达骄傲；腰杆笔直，托腮沉思的时候才会偶尔弯腰；目光好像很深邃，哪怕看的是窗口的臭袜子，也要装作极目远眺"①，那么现在的应物兄，因信仰缺失而发展出了"三重自我"②，在三个"自我"之间的切换，体现出其犹疑与困惑。可以说，旧的价值信念的崩塌与新的价值信念的缺席，撕扯着应物兄。究竟在信仰坍塌后选择"生存"，还是"毁灭"？是为贪图安稳，选择与现实同流合污，还是即使面对失败、面临一事无成，也不放弃对自己信仰的坚守？究竟要往何处去？这对应物兄而言，是个重要问题。对于我们每个个体而言，这也是个绕不开的话题。在这个意义上，应物兄像我们每一个人一样真实。应物兄不是"你"，也不是"我"，而是"我们"大家。

千百年来，面对信仰坍塌后的选择，无数人做出了自己内心的决

定。楚国大夫屈原，一心为实现国家的发展壮大，对信仰的坚持，让他谏言楚怀王，但是奈何楚国的社会现实，不停地击碎着屈原的爱国梦，在价值信念坍塌后，他发出了痛苦的"天问"，而最终，他选择以死明志，用肉体的毁灭表达他对理想的坚持。英国剧作家莎士比亚笔下的哈姆雷特，面对人的尊严、真善美的被践踏，面对一个与自己的人文主义信仰格格不入的时代，他也遭遇了信仰崩塌后的精神危机。他痛苦地发出了"生存还是毁灭"的呐喊，最终，他选择用肉身的毁灭，捍卫崇高。有人在理想坍塌后选择毁灭，自然就有人为了生活选择生存。鲁迅笔下的吕纬甫，年轻时接受五四新文化运动的洗礼，高喊"民主""自由"，但是面对革命落潮后理想的无所依凭，他有过困惑、有过迷惘，但是为生活、为现实所迫，他选择畏缩逃避。曹禺笔下的陈白露，在校时是文学女青年，谈理想、谈人生，但是步入社会后，她发现先前秉持的一套"理想"与"信念"并不为社会所容纳，社会看中的是钱与权力，信仰崩塌后的她，最终选择臣服在物质脚下。那么，我们呢？在信仰坍塌时，是选择生存还是毁灭？又该往何处去？

　　说回到小说结尾，故事的结尾是应物兄以被迫的方式"暂停"了自己的生命。也就是说，李洱最终没有告诉我们，在理想坍塌后，应物兄是选择生存还是死亡，应物兄往何处去？可以说，这样一种结局，呈现出意义价值的模糊与暧昧，但是与此同时，也呈现出一种意义价值的无限敞开。正如学者徐勇所指出的："就《应物兄》而论，李洱的思考（或者说意图）可能更多在于提出问题，表明困惑，而不在于解决问题。"李洱在小说里告诉了我们来路，同时也向我们提出了疑问："去路何在？"①李洱早一次接受采访时，说道："你或许也有这样的感受，手机上接收到的信息，绝大多数是无聊的、负面的、重复的信息。它们貌似与你的生活有关系，其实没有太大的关系。或者说，它们与你不是真实的关系。

---

　　① 徐勇. 无限的敞开与缺席——李洱《应物兄》论［J］. 中国当代文学研究，2019（3）.

你看到别人起高楼，看到别人宴宾客，看到楼塌了，它也只是在一秒钟之内刺激了你的神经而已。一秒钟之后，你的脑子又成了一片空白，连个影子都没有留下。事实上，这已经成了我们每天都能看到的景象。请相信，此种情况对人类的情感、对人类的思维甚至人类的智力发展，都有极大的负面影响。我想，阅读长篇小说，当然我说的是真正有价值的长篇小说，有可能缓解这种糟糕的趋势。真正的长篇小说，对世界、对现实，提出了疑问，一个长长的疑问。这不仅仅是作者的疑问，也是作者与读者共同的疑问。"①面对"碎片化"的时代，面对没有逻各斯中心来支撑人的生存与发展的时代，李洱在小说《应物兄》中借助分裂的符号——应物兄，向我们每个人都提出了这样的疑问：究竟要往何处去？这彰显了李洱对行进中的当代社会的深切关怀与思考。

在这个意义上，我们可以说：作为"人"的肉体的应物兄，在精神上应物变化；作为"非人"的应物兄，在肉体上虚物赋形，在精神上也随之变化。也就是说，作为"人"的肉体（能指）的应物兄，其精神（所指）不再稳定对应着人的精神；而作为"非人"的肉体的应物兄，其背后的精神所指也不再稳定地指向"非人"的精神。肉体与精神间意义的无限延宕，致使应物兄这一符号不再指向统一，而是意味着分裂。

---

① 张杰，李洱. 李洱《应物兄》描绘当代知识分子群像[N]. 华西都市报，2019-08-25.

第 四 章

女性书写的当代表达：乔叶小说创作论

乔叶是当下"70后"实力派豫籍女作家，河南焦作修武县人。20世纪90年代，乔叶最初以一系列青春美文写作走向文坛，在《中国青年报》《辽宁青年》《时代青年》《文友》《女友》等散文刊物中收获大批读者，出版散文集多部。1998年，乔叶发表第一篇小说《一个下午的延伸》，之后便开始向小说创作涉猎。可喜的是，这一转型并未让乔叶失去原有的读者群，相反让其找到了适合自己的另一写作路子。新世纪后，乔叶正式步入小说创作的正轨。2003年，乔叶发表了第一篇长篇小说《守口如瓶》（初刊于《中国作家》第十期），随后，该小说以《我是真的热爱你》为题出版为单行本。其后，乔叶出版了长篇小说《底片》《虽然，但是》《结婚互助组》《拆楼记》《认罪书》《藏珠记》《宝水》7部，中短篇小说集《最慢的是活着》《取暖》《打火机》《她》《拥抱至死》《被月光听见》《一个下午的延伸》《旦角》《七粒扣》等，近几年又出版了儿童文学《朵朵的星》。其小说先后获得第四届河南省文学艺术成果奖、"第五届华语文学传媒大奖最具潜力新人奖"、第十二届《小说月报》"百花奖"、首届郁达夫文学奖中篇小说提名奖、第五届鲁迅文学奖、第十一届人民文学奖、第十一届茅盾文学奖等多项奖项。作为"70后"豫籍作家，乔叶小说创作的成功得益于她融通古今、独具女性特色的叙述姿态。乔叶的小说创作主要涉及婚恋题材与乡土题材两类，前者承袭张爱玲等作家的现代婚恋叙事特色，于日常世俗生活中触摸当下社会的婚恋情感现状与困境，同时又以鲜明的女性意识、"诚实"的写作伦理等，展现出当代婚恋情感叙事的独特样貌。后者则展现出乔叶对于乡土中国当代裂变的敏锐把握，彰显出作家强烈的现实意识与责任感。写作话语中"言"与"意"关系问题也是作家创作中不可回避的话题，乔叶也不例外。其小说《拆楼记》由初版（2012）的"以图释文"到修订版（2017）的"以文释文"，彰显出乔叶作为一个阐释者，一个由解释性话语活动所构成的文本的作者，在试图让不同话语和领域之间达成沟通与理解时的焦虑。这都反映出作家乔叶继承传统，同时又对传统进行创造性转化与创新性发展的努力。

第一节　在婚恋叙事中回望历史

　　婚恋情感是人类文学创作的主要母题之一。自唐人"始有意为小说"的唐传奇开始，便有《莺莺传》等婚恋情感传，而后在宋元话本、明清"初刻拍案惊奇"、《金瓶梅》、《红楼梦》等小说中，婚恋情感题材几乎贯穿始终，就连《聊斋志异》《西游记》等神魔小说、《水浒传》等武侠小说也不乏婚恋情感的叙事线索。这些婚恋情感叙事形成了独具中国特色的"才子佳人"题材模式。及至五四以来随着"人"的发现，婚恋情感叙事也发生了现代变革。一方面，婚恋情感叙事经历了启蒙文学、左翼文学、革命文学等的发展，隐现出了追求个性解放、婚姻自主、社会进步等思想，婚姻情感的抉择，成为表达"人"的觉醒或革命理想的有效手段；而另有张爱玲、钱锺书等作家以本体论眼光，探索世俗生活中婚恋爱情本质，在婚恋叙事中展现出对于世俗人性的挖掘与思考。这些都成为当代婚恋叙事的主要精神资源。"70 后"作家乔叶的婚恋叙事，承袭张爱玲等人的婚恋叙事特色，于日常世俗生活中触摸当下社会的婚恋情感现状与困境。同时，乔叶的婚恋叙事又以鲜明的女性意识、对"诚实"的写作伦理的坚守，以及对于婚恋情感题材中进行宏大叙事可能性的探索，构筑了其婚恋叙事的独特性。

一、女性叙述伦理：日常婚恋的困境与突围

对于发生于日常生活中的婚恋关系，乔叶并不是书写如传统"才子佳人"小说"大团圆"的结局模式，也并不着意于书写恋爱的甜蜜与轰轰烈烈的爱情，而是着重书写"结婚之后"，折射出当下社会中两性婚恋情感困境。在近现代中国小说史上，以现代婚恋情感生活为题材的小说并不罕见，早如鲁迅的《伤逝》，揭示了恋爱的浪漫美好败给了缺乏物质基础支撑的柴米油盐的婚姻现实；萧野牧的《我们夫妇之间》等作品，婚姻生活与革命、思想建设等宏大主题相契合；而在迟莉、刘震云等创作的"新写实小说"中，婚恋关系遭到一地鸡毛的琐碎日常生活的冲击。但乔叶不同，她笔下的婚恋爱情，虽不是风花雪月的浪漫，但也并不是充满柴米油盐的人间烟火气的平淡，乔叶多是书写中年夫妻婚恋关系中表面正常平淡，内里中却透露出乏味、庸常甚至压抑、窒息，最终分道扬镳的婚恋情感悲剧。"青春萎谢，人到中年，他们一眼眼地看着对方老去，像腌制在同一个瓦罐里的咸菜。"①便是这种婚恋关系的写照。

婚恋关系中长期的冷漠、隔绝，便造成了《黄金时间》中的婚恋悲剧。小说中，丈夫突发病倒在了卫生间，与之日日相伴二十年的妻子听到卫生间的异响并不去施救，甚至想到"抢救心肌梗死病患的黄金时间是四分钟，抢救脑出血病患的黄金时间是三小时"后，想方设法、平静地拖过三小时的抢救"黄金时间"。她关掉手机，看电视、洗澡、躺在儿子床上睡觉、回忆着婚姻中与丈夫生活的种种……小说中几乎以"她"的视角来书写在黄金三小时内她的系列行为轨迹以及心理活动，二者在情节叙事逻辑、情感逻辑上相互映衬与交错。她关于过往表面平静、安稳，实则漫长、压抑、无奈、貌合神离的婚姻琐事的回忆，渗透着她的无趣、乏味、空洞的婚姻生活的体验。她与丈夫关系的分裂，源于一次日常生活中的小细节——丈夫经常坐在沙发前看电视打盹，作为妻子，

_____

① 乔叶. 黄金时间[J]. 花城，2014(1).

她好心提醒丈夫回卧室休息，却得到丈夫拉下脸、皱着眉的一句"别管我"的回应。丈夫嫌恶与冷漠，也让她想到了过往丈夫对自己的种种冷淡与不关心、无趣、缺乏浪漫：

> 自己过的这算是什么呢？他从没有给她买过花，从没有和她旅游过，从不记得她的生日，也不关注她的例假——偶尔关注也是因为他想过夫妻生活的时候，听到她说来了例假就会很不屑地嘲笑："又来了！整天来！"①

丈夫是一个"普通甚至于平庸，最标准的、最俗常的过日子的人"②，长期的冷漠、自私、无趣、懒惰，让她厌烦，但是她也深知丈夫和她在一起熬了这么多年，把她的黄金时间几乎都熬干了，他终于成功地把她也熬成了一个无趣的人。③ 在一潭死水的婚姻里，她提出了离婚，却遭到丈夫的拒绝，这让其对丈夫更加嫌弃，便下定决心同样以冷漠、无所谓的态度来回应丈夫，也不再干涉丈夫任何行为，也同样拒绝丈夫的一切要求。自此，夫妻二人的关系日渐衰落，没有了互相关心、没有了夫妻生活，想离婚又遭到丈夫的拒绝，最终，"她"在心理上与丈夫离了婚，二人成为生活在同一片屋檐下熟悉的陌生人，面对丈夫的背叛也变得无动于衷。这也导致她在面对丈夫突然发病时，关掉手机、拒绝施救，甚至有种"想笑"的报复式的快感。在此，乔叶以极端化的情境来揭露貌合神离的病态的婚恋现实。这种冷漠病态的婚恋现实在《妊娠纹》《那是我写的情书》《黄金时间》等小说中也一再出现。沟通的缺乏导致婚姻中的不信任与猜忌，以及由之而生的对婚姻的不忠等，这些都是婚恋生活中的极大杀手。

---

① 乔叶. 黄金时间[J]. 花城，2014(1).
② 乔叶. 黄金时间[J]. 花城，2014(1).
③ 乔叶. 黄金时间[J]. 花城，2014(1).

　　乔叶又以深刻机敏的笔触，触摸婚恋生活表象下另类的两性关系实质。《认罪书》等小说则是展现出注重实利性的婚恋爱情形态。小说中，金金为了获得一份工作，与院长的儿子谈起了恋爱，而后来到了城市后，也从不拒绝男性的搭讪与骚扰。《普通话》中英子试图利用半轮来获取都市的生活与城市身份。《龙袍》中，依附于老李的地位权势，"我"成为许多人羡慕的对象。这些由于物质利益等出发的两性关系，是其小说中着意叙述的对象。《卡格博峰上的雪》中则呈现了另一重婚恋现实。主人公耿建与尤秀为了应付家人的逼婚，便以假结婚的方式同居一栋房子。在这里，他们面对的困境，不是要找到一个心灵契合的伴侣，而是只要寻得一个另一半能应付家里人，便皆大欢喜。这种合约式的婚姻形式，并不是基于两性相悦的"情"的生发，而是对世俗生活的妥协。

　　在乔叶小说中，这种庸常、乏味、充满利益算计的婚恋关系，是病态的，是使婚姻走向貌合神离、穷途末路的无声匕首。这也展现出乔叶对于当下社会两性关系的病象、情感畸变的忧思。有论者曾将婚恋情感困境的成因概括为三种：一是"实利性选择"，二是"屏蔽式沟通"，三是"精算式付出"。① 这些婚恋问题实则也是对于现代人共通情感病症的折射。

　　除了貌合神离的婚恋关系，乔叶也关注到婚恋关系中的另一重威胁——婚外恋。在乔叶的小说世界中，婚恋爱情是靠不住的，婚姻可以将两个人捆绑在一起，但无法将两颗心始终联结在一起。在这种消极的婚恋观下，乔叶解构了"百年修得同船渡，千年修来共枕眠"的传统古典爱情神话。《爱情传说》中，虚构了白素贞在雷峰塔倒掉后，重返人间杭州城，追寻旧梦许仙。直到等到 2002 年，终于等来了如许仙般拥有俊逸身形与面貌的现代许仙，为了爱情，她放弃了长生之躯，成为凡胎。但现世的许仙却在婚后出轨了曾经医治的一名患者，当白素贞向他表明

---

　　① 韩传喜. 幽微情感领地的象征性契入——乔叶女性题材小说[J]. 文艺争鸣，2016(5).

心意称自己为等他千年的白蛇时,得到的却是怀疑与嘲笑。心若明镜的白素贞也顿时明白:"在这个轻浮世间,他(笔者注:许仙)的所作所为不过是男人之间最常见的情感症状,是永远没有灵药的流行性感冒,猎艳的习气就是另一种意义上的法海。"①这一对爱情传说的重构实则是基于女性视角下对男性寻芳猎艳欲望的批判。而乔叶本身在婚外恋的描摹中,并无性别立场,在她看来,女性也有诸多出轨的欲望。典型如《妊娠纹》,是以女性不满足于平淡庸常的婚姻现实,而选择以婚外恋的形式寻得生命的激情作为叙事起点。

作为女作家,乔叶的婚恋叙事带有鲜明的女性意识,她不仅以女性视角,描摹婚恋情感中的困境与遭遇,更是直视女性在婚恋困境中内心欲望的焦灼,以及在婚恋情感中的突围。《黄金时间》可谓是女性寻求逃离的极端式的文本。小说中,女主人公"她"故意错过抢救丈夫的黄金时间,实质上也是对丈夫长期以来的平庸、懒惰、自私、无趣、背叛的报复以及对窒息、压抑婚姻生活的逃离。《妊娠纹》同样是一种极端化的逃离方式,主人公"她"选择以偷情来抵御无趣、平庸的婚恋日常生活,寻找生命的激情,但最终却因妊娠纹而心生自卑,放弃偷情,重回既有生活秩序中。这种未完成的突围在《鲈鱼的理由》中得以实现。小说中,鲈鱼的朋友大丽与小锦,在被名利、金钱包裹的婚姻中屈就,面临无休止的婚姻保卫战。而鲈鱼则在意识到自己对于丈夫的爱情已消亡时,为冲出这漫长、庸俗、无爱的婚恋关系,不惜以出轨这一败坏自己名声的方式,追求自己理想的爱情生活。《卡格博峰上的雪》中,耿建与尤秀虽处于合约式的婚姻中,但二人内心中依然有寻找理想爱情的渴望。乔叶描摹种种婚外恋式的非常态的婚姻,也正是以极端化的情节极力发掘与追问两性婚恋关系困境,并由此探寻女性在婚恋困境中突围的种种努力。

无论是对平静无趣的婚恋生活的逃离,或是在合约式婚姻中对纯粹爱情的畅想,这些小说中对两性婚恋关系突围的描述,也暗含出乔叶在

---

① 乔叶. 爱情传说[J]. 小说界, 2008(4).

对于被世俗化、欲望化所制约的婚恋关系的揭露中，对"灵肉合一"的爱情的理想。鲈鱼离婚后又积极拥抱生活，最终寻得理想的爱情，耿建与尤秀对纯爱的向往等，让这些婚恋叙事呈现出一抹亮色，展现出乔叶对于理想的婚姻关系的希冀。也是怀着对于理想爱情的寻求，《藏珠记》中，乔叶尽力压缩窥探人性阴暗的面积，采用"大团圆"式的结局，"灵肉合一"的爱情的力量让这一千年不死之躯甘愿过起了和世俗常人一般的平凡的生活，展现出乔叶独特的理想主义与浪漫色彩。

二、"诚实"的写作伦理

"诚实"，被乔叶视作"写作的第一道德"①。在乔叶眼中，所谓"诚实"的写作，即在写作中坚持"说真话"，才是小说叙事的唯一道德。在她看来，生活中弥漫着撒谎的经验，太多的人"以真的形式说假话"，而"小说和一切艺术形式都是在以假的形式说真话"。小说创作中"讲真话是可贵的"②。乔叶在《写作的第一道德：说真话》中，谈到自己对于"诚实"的写作伦理的理解。首先，讲真话，是作家的"诚实"的写作立场与写作态度。"诚实"与"真话"，并不一定是真理，它带有创作者强烈的主观性，是创作者自身独特的自我认知。"写作者只是表达者，不是世界的裁决者。他只是诚实地表达自己的所见所想，这就足够了。或许偏激，或许狭隘，甚至或许错误，都没关系。他站在自己的立场上，有自己的客观局限。——只要主观上能最大程度地对自己的文字诚实，这就已经很好了。"③其次，"讲真话"，也即遵循生活逻辑，要意识到生活与人性的复杂性，不能一味地唱赞歌，也不能一味地去批判，要多维度地去理解，在这个过程中有所发现。如人性的本质便是善恶并存的："所有人的阳光笑脸下，都有难以触及和丈量的黑暗。当然，我也相信：所

---

① 董晓明，乔叶. 生活中的一切都是文学的财富——对话乔叶[J]. 江南，2016(1).

② 乔叶. 沉默的那些也许才是我最想讲述[J]. 南方文学，2017(5).

③ 乔叶. 写作的第一道德：说真话[J]. 中华活页文选，2017(9).

有黑暗的角落里，也都有不能泯灭的阳光。"①

乔叶的婚恋叙事也遵循这种"诚实"（"讲真话"）的写作伦理，其婚恋叙事带有极强的真实性与真实感。乔叶仿佛一个世故的老人，真实地呈现处于婚恋情感中的人物的各种心理。她书写处于婚恋情感中人物矛盾、挣扎的性格心理。如《海滨心居》中，柴荷与板刷在一次度假中邂逅，而后产生了暧昧的情感。但柴荷一方面相信板刷对她的情感，但又不时地怀疑板刷对之别有所图，这种矛盾的心理，就如板刷对她的评价："既敏锐又天真，既容易感动又容易起疑心，既不能很坚定地相信一个人，又特别想有安稳的生活，无论外在的，还是内在的。"②这种矛盾的心理也是人们在面对不确定的婚恋关系时共通的感受，在《妊娠纹》《黄金时间》等小说中均有涉及。另外，乔叶小说中也有关于处于暧昧情感中的女性心理的描摹。如《旦角》中这样描写"她"和秦的关系："也许，她会做她的情人。做做也不错。这是个新鲜的角色，她没有做过，她有些好奇，也充满期待。她莫名其妙地相信，如果做，她会做得很乖巧，很细腻，会让他和自己都满意。当然，也许不会，那也不错。这全要看自己高不高兴。即使不做，她也不会把自己和秦的关系搞僵。"③甚至也会直接书写女性的欲望心理。在这些叙述中，乔叶以机敏与犀利的眼光，将处于婚恋关系中女性内心的矛盾、纠结乃至内心世故的阴暗面等毫不保留地展现出来，抵达人物心理的真实，带给人极强的震慑力。

在对于欲望书写的尺度上，乔叶仍坚持"诚实"的写作逻辑，这种"诚实"便是遵循生活逻辑与生活现实。她认为，文学中的性应如喝水般自然，既不能忽视回避，也不能过分夸大，对其的描摹应自然、真实，其中最重要的是把握"度"的问题。"需要性感的时候就很性感，需要节制的时候就要节制。就像渴了要喝水一样自然，不要说你嘴里噙了一口

---

① 乔叶. 写作的第一道德：说真话[J]. 中华活页文选, 2017(9).

② 乔叶. 海滨心居[J]. 飞天, 2007(9).

③ 乔叶. 旦角[J]. 西部, 2007(4).

水，硬是不喝，然后喷人家一身，我觉得这就属于尺度没有把握好。"①
乔叶的《我是真的热爱你》《紫蔷薇影楼》《那是我写的情书》《妊娠纹》等
小说中，都不乏对于女性性心理等的描写，但乔叶处理得确实简洁、真
实、干净、自然，展现出自在化的生命伦理。

　　乔叶对于女性隐秘心理的暴露，对于欲望的书写，乃至于对"婚外
恋"等题材的触及，被部分论者诟病为叙事伦理的缺失。如吕东亮认为，
乔叶小说中多是书写权力关系不对等的男女婚恋关系，女性恋慕的对象
往往是集权势于一身的充满魅力的男性，同时又过度关注"真爱无罪"等
非道德情爱书写，这些非道德化的叙述会软化、钝化文明的道德感，加
重我们内心的无奈与悲凉。② 赵牧则认为，乔叶过于关注婚外恋题材，
也有不少身体书写等，有迎合市场化的嫌疑。这些批判性的说法不无道
理，但必须意识到，乔叶的去道德化的叙事伦理在其婚恋题材小说中呈
现出普遍性，若仅仅将其从大众文化的影响等角度剖析其弊端，则无疑
是将这一问题简单化。我们更需要考虑的是，乔叶对于婚外恋等非常态
的婚恋关系的关注，对其婚恋叙事有何独特的价值？

　　在乔叶小说中，去道德化，首先是指在叙述题材上，关注婚外恋、
女性隐秘幽微的情感心理等超越日常生活伦理的题材，这拓宽了乔叶对
于生活与世界多重可能性的探索。乔叶一度颇为认同《日瓦戈医生》中的
一段话："我不喜欢正确的、从未摔倒、不曾失足的人。他们的道德是
僵化的，价值不大。他们面前没有展现生活的美。"乔叶认为："生活中
只走一条笔直的大道，这不是正常的人生状态，我觉得正常的人生状态
就是应该有很多的岔路。当然你最后可能还会走在主路上，但是如果知
道岔路上的风景是怎样的，那才像是真正的人生。"③这种带有理想性与
叛逆性的世界观，是乔叶去道德化叙事姿态形成的基础，并形成其独特

---

① 乔叶，刘芸. 写作从人性出发——与乔叶对话[J]，百家评论，2013(3).
② 吕东亮. 乔叶论[J]. 小说评论，2013(3).
③ 乔叶，刘芸. 写作从人性出发——与乔叶对话[J]. 百家评论，2013(3).

的创作观："在创作中，我要的不是常规道德的正直、高尚，我要的是文学意义的丰富。我觉得这就是文学或者说是小说的伦理和道德。"①文学既来自生活，又高于生活，而文学又不应只是对生活进行机械地反映，而是要探索生活的多重可能性。乔叶的婚恋叙事便是如此。日常生活中人们往往尽可能地按照现代伦理规范的规训，活在常态化的人生轨道中，不逾矩，也是大多数人的人生常态。乔叶在文学世界中，显然不满足于对常态化的人生既有秩序伦理的简单反映与描摹，她对于婚外恋、女性隐秘的性心理等的摹写，正是基于生活逻辑之上，又超越传统生活伦理，进而实现对于文学与生活的丰富性的探索，由此呈现出女性丰富的心理世界，这也是乔叶的文学观使然。

乔叶小说中的"去道德化"叙述，也是指一种客观冷静、不关注道德评判的叙述姿态。乔叶自言："我有意地克制着自己的道德立场。……而那种所谓的道德立场，不是冷眼旁观，就是高高在上。这样一个立场，我做不到，我站不稳……我一向从心底里厌恶和拒绝那种冷眼旁观和高高在上。我不喜欢那种'干净'。我'干净'不了。我无法那么'干净'。"②拒绝冷眼旁观、高高在上，反映出乔叶的一种悲悯的、寻求对话的心态，这背后的本质逻辑即是对于"人"的关注。乔叶克制道德立场的心态，恰恰也是源于此。她不希望以道德伦理规范简单描述与呈现既定的社会伦理道德秩序，而是从人性本身出发，去探求处于婚恋情感关系中的人物的心理状态，并对之保持以最大的理解与同情。乔叶这种克制道德立场的叙事姿态，一方面试图展现出生活与世界（内心世界）的丰富性与多样性，另一方面也是在探求人性的多变性与复杂性。

借助于去道德化的叙事立场，乔叶在婚恋叙事中着意探寻现实世界中的多种可能性，而这种可能性本质上是人性的复杂性使然。也就是

---

① 董晓明，乔叶. 生活中的一切都是文学的财富——对话乔叶[J]. 江南，2016(1).

② 乔叶. 沉默的那些也许才是我最想讲述[J]. 南方文学，2017(5).

说，"去道德化"，并不是摒弃道德伦理，而是在极端化的情节中批判与诘问一种非常态的道德，其本质在于对人性复杂性的思考。贺绍俊认为："乔叶永远在诘问伦理道德，因为被伦理道德所裁判的现实永远要比人们想象的复杂得多，乔叶比现有的伦理道德要高明的地方是，她始终试图从人性的角度去寻找解决的方案。"①而在乔叶的观念中，人性的本质是复杂的、自私的，有着精明的算计；同时，人性又是复杂多变的，乔叶更愿意将人物置于伦理失范等极端化的情境中，探寻人性的复杂多样性。如《认罪书》中梁知与梅梅这两个同父异母的兄妹，日渐对彼此心生爱慕，但二人的情感却遭到以梁知的母亲张小英为代表的传统伦理道义的谴责与反对。而当梁知日渐意识到二人关系成为自己事业晋升道路上的阻碍时，便逼迫自己的妹妹、也是曾经要好的情人自杀而亡。这一由自私而带来的人性的悲剧令人发指。《藏珠记》中，活了千年的女子的唐珠面对被强暴的遭遇，也发出了对于人性的拷问：

> 活了这么多年，看过太多可恨的人，赵耀不算是最可恨的。他所有的，不过是最普遍的人性的弱点——我甚至想，如果人人都能活得很久，像我这么久，那么这世界可能就没有什么太坏的人了。人们之所以那么不知廉耻，那么穷凶极恶，那么没皮没脸，那么心急气躁，也许都是因为知道，生而有涯，死而无涯，死亡就在不远处等着他们，所以他们难以活得优雅和从容。②

在她看来，人性中的自私与人性之恶，归根结底源于生命的有限性，人们争夺私利，大有在有限人生中享受当下的意味，也是一种抵抗的冲动。在此，乔叶借助带有传奇色彩的活了千年的女子的叙事视角，有意将叙事历史拉长，由此进一步拷问人性弱点的生成动因。

---

① 贺绍俊. 点评"70后"[J]. 鸭绿江，2013(3).
② 乔叶. 藏珠记[M]. 北京：作家出版社，2017：125.

乔叶的这种去道德化的叙述姿态，一方面让人看到乔叶对于生活的多重可能性的发掘，以及对人性的极端化、阴暗面的暴露；另一方面，面对作家"非道德化"的叙事姿态，读者也应始终意识到艺术来源于现实，又以艺术性的加工高于现实。去道德化的超伦理叙事的意义，在于探索人生与人性的可能性与丰富性。因而，读者在阅读中，也不应一味地将自己代入或模仿，要始终保持主体清醒的头脑与思辨的状态，对其中主人公的生存与情感逻辑保持警惕，勿将小说之逻辑等同于生活之伦理。

三、婚恋情感题材下宏大叙事的可能性

中国文学自古便有"文史不分家"的传统。现代文学中，作家的婚恋叙事也不乏宏大历史面向，在这些叙事中，如何将婚恋情感母题与现代革命历史相结合，是现代作家们不断思考的问题。如前所述，五四以后，在革命文学、左翼文学的叙事中，婚恋情感题材与宏大叙事相结合，并形成了"革命加恋爱"的叙事模式。但在这种叙事中，婚恋情感故事作为故事叙述的支线，只是作为革命叙事逻辑线的从属，起到增强作品可读性，渲染浪漫化与理想化的氛围、凸显主人公的革命英雄主义与牺牲精神的作用。张爱玲、钱锺书的婚恋情感叙事，则属于"革命时代"婚恋情感叙事的另一条线索。他们以婚恋情感为叙事中心，其背后的时代变革、民族危机等，仅仅成为建构小说情节的背景材料。典型如《倾城之恋》，战争的炮火，成为白流苏与范柳原由互相猜疑到抱团取暖的婚恋情感结合的偶然性因素。在这些叙事中，可以说，是婚恋情感叙事压倒宏大叙事，宏大叙事情节在其中微乎其微。但这些婚恋叙事在与宏大叙事结合上却呈现出某种共通性，即主人公的婚恋情感故事与宏大历史相互呼应，宏大历史正是婚恋故事发生的"当下"。而当历史进入以经济建设为中心时期，作家如何进行宏大叙事，尤其是如何在婚恋情感题材中展现宏大叙事，则是新世纪以来作家不断思考的问题。有"新历史主义"小说，以戏谑化、游戏化的方式，在富于传奇意味的婚恋情感故

事中，回溯革命历史（如《红拂夜奔》等）。这些小说在过去的历史中书写发生于过去的婚礼的故事，在内在的叙述逻辑上，仍延续此前的婚恋叙事模式，婚恋故事与回溯的历史具有时空上的同构性，处于宏大历史背景下的个体婚恋情感史，往往与历史叙事并行。乔叶的《认罪书》则不然，在乔叶的叙述中，历史回溯以发生于当下的婚恋故事作为起点，而在历史的回溯与追问的行为又恰恰影响了发生于当下的婚恋情感结局，由此婚恋情感故事与历史回溯两条线索相互交织，并形成了"当下—历史—当下"的闭环。而婚恋情感故事，则同时贯穿于当下与历史的叙述。在这个意义上，乔叶的《认罪书》提供了婚恋情感叙事与宏大叙事相结合的另一重可能性。

《认罪书》从发生于当下阶段的婚恋故事写起，小说中，来自乡村的金金在郑州打工期间遇到了来当地学习的干部梁知，在梁知的照顾下，不由对有家室的梁知心生情愫，并甘愿做他的情人。但当梁知两年的学习时间结束后，准备回乡的梁知也决意放下这段感情，二人关系也告一段落。心有不甘的金金前往梁知所在的城市企图复合这段感情，遭到拒绝，却无意间发现梁知爱慕自己的秘密：自己的相貌与梁知死去的同父异母的妹妹——梅梅神似。更为巧合的是，金金无意间邂逅了梁知的弟弟梁新，而梁新对之一见钟情，展开追求。而金金为了"复仇"，决意嫁到梁家，并揭开了梁家与梅梅一家过往的家族秘密。对于历史的回溯正是在对家族秘密的"探案"中逐步展开。梅梅的母亲梅好在特殊时期遭遇羞辱后精神失常投河自杀。梅梅与梁知成为了同父异母的兄妹，而梁知的母亲张小英知道兄妹二人间暗生情愫，便把梅梅送往副市长钟潮家，梅梅被强暴后怀孕，后又遭到梁知的抛弃，最终自杀身亡。随着金金的步步追问中，"梅好、梅梅之死"的谜团的揭开，而曾经参与羞辱迫害梅好的钟潮，以及目睹梅好自杀却不去施救的张小英在重新回忆历史时不约而同地为自己开脱，而金金以一个历史审判者的犀利姿态，发掘历史灾难面前个人之"恶"，这种"恶"正是基于人性自私的"平庸之恶"。如小说中所引用的一段诗句："在洪水中，每一滴水珠都是有罪的/在雪崩中，每一颗雪末都是有罪的/在沙尘暴中，每一粒沙子都是有罪的/灾难里的一切都是有罪的。"①对于"平庸之恶"的发掘，也展现出乔叶在婚恋叙事外衣下进行对于历史叙事的另一向度拷问。

如果说小说上半部是由"当下"向"历史"的"探案—解密"的过程，并在解密中完成对历史罪恶与人性之恶的审判，那么小说的后半部则是在由"历史"向"当下"的转向中，书写历史对"当下"的影响，并思考人性的忏悔与救赎之道。

在由"当下"到"历史"的叙述中，乔叶也注重到历史与当下之间的连续性。这种连续性，正是由于人性之自私。曾经梁知的父亲面对妻子的自杀在权衡利弊后并不去搭救，而儿子梁知在面对心爱的梅梅时，仍选择了利益与仕途，而放弃了与梅梅的感情，甚至逼迫梅梅自杀，由此导致了"梅梅之死"。这也更进一步完成了对人性之恶的审视与追问。

同时，面对历史中由于自身"平庸之恶"造成的悲剧，以及曾经由于自私而带来的梅梅之死，钟潮、张小英、梁知等人也时时遭受自我良心的谴责，不时出现的白信封，宛若梅梅、梅好的冤魂，使他们不断重回那段历史记忆。梁知最初对相貌酷似梅梅的金金耐心帮助，张小英对于那些白信封的封存等，正是其自我忏悔与救赎之道；而主线故事之外的单姓老人，则通过写毛笔字的方式来完成自己对于历史罪恶的救赎。

当叙事时间由"历史"转为"当下"时，整个故事基调并未摆脱沉重感。在历史叙事中，金金带着复仇的快感，又宛如审判者般来揭露家族秘密，拷问人性之罪；而"当下"的故事中，叙事者与探案者金金本身，既是审判者又是罪犯。"她发现了梁家的罪恶又成为新罪恶的始作俑者。"②金金拼凑出了梅梅、梅好的人生轨迹，又不断对梁家人进行精神

---

① 王达敏. 被"平庸的恶"绑定的小说——乔叶长篇小说《认罪书》批评[J].文艺研究，2015(2).

② 平原. 忏悔与耻感意识下的救赎与焦虑——评乔叶长篇小说《认罪书》解读[J]. 小说评论，2015(3).

折磨。已为他人妇的金金，在完成家族探案后，又与梁知保持不正当的关系，导致发觉此事的梁新情绪激动下车祸身亡。梁知也在和金金的事发后，面临着失去弟弟、被迫和妻子离婚等系列打击，最终自杀身亡。"当下"的婚恋情感故事中的无奈与沉重，实则也是进一步表现了当人性中欲望被过度放纵，生活也将如"无轨列车"走向失范与悲剧。金金从家族历史的回溯中，找到了人性之"私"以及人性之"恶"的根源。而当金金面对自身因复仇而产生的无可控制的超伦理的情感生活以及衍生出的种种悲剧时，处于历史悲剧中的梅梅，仿佛一面镜子，照出了金金灵魂的罪恶，这也促使金金踏上自我忏悔与救赎之路。于金金而言，忏悔与救赎，不仅是个人良知和自我洗礼，更"意味的是我们自身的生存质量，意味的是我们对未来生活所负起的一种深切责任"①。她开始关心梅梅之子钟未来，决定死后将财产的一部分留给梁知的女儿，写下揭露自身之罪感与忏悔的《认罪书》，这些都是金金的自我救赎之道。这种救赎似乎有些无力，也无法改变故事的悲剧结局，但在认识自我、认识人性的层面上，大有启发，为作品带来丰富的精神内涵。有论者指出，五四以来的中国现代文学中，多着眼于批判社会现实与传统文化，较少关注人性层面的灵魂拷问与忏悔的书写，缺乏"忏悔意识"，直至当代文学中，"忏悔"作为文学母题才有所展现，较有代表性的有巴金的《随想录》、张炜的《古船》、张贤亮的《绿化树》、莫言的《蛙》、王十月的《人罪》等。②乔叶的《认罪书》则又是一例，这也为乔叶婚恋叙事与宏大叙事提供了忏悔与救赎的另一重主题。

　　总而言之，《认罪书》将个体置于宏大的历史叙事中，借由个体的婚恋情感及命运经历来观照波及个体命运的汹涌的历史政治风浪。在发生于"当下"时间的婚恋情感故事与历史中婚恋情感纠葛的两条婚恋线索

---

　　①　乔叶. 认罪书[M]. 北京：十月文艺出版社，2013：365.
　　②　王达敏. 被"平庸的恶"绑定的小说——乔叶长篇小说《认罪书》批评[J].文艺研究，2015(2).

中，完成对过去宏大历史的回望，这突破了婚恋题材与宏大叙事结合中故事时空的同一性，完成了市场经济时代婚恋叙事中的宏大主题表达的探索。同时，相较于其他历史叙事，乔叶并未流于将历史罪恶进行简单归因，她无意去从阶级伦理视角进行关于历史必然性或偶然性的追问，而是借助婚恋情感叙事的外壳，从小切口开掘，将历史拷问引向对于人性之恶的追问以及人性中忏悔意识的发掘，从而展现出"70 后"作家独特的历史叙事面向。

第二节　女性乡土叙事的当代探索

中国现代化的过程，正是由农耕文明向现代工业文明迈进的过程，"乡土"也是新文学以来绵延不绝的文学母题，并在中国新文学传统中形成了不同的创作形态。有论者认为：中国现当代文学中形成了四种乡土叙事传统，一是以鲁迅为代表的启蒙乡土叙事传统，二是以茅盾为代表的将批判性与政治化结合的左翼乡土叙事传统，三是以沈从文为代表的"田园牧歌"式乡土叙事传统，四是以赵树理为代表的"为农民代言"的乡土叙事传统。[①] 新时期以来，随着中国城市化、现代化的进程不断推进，乡村也发生着激烈的变革。社会转型时期，乡土叙事呈现出一种更为开放的姿态，在表现领域与叙事话语等方面进行了极大的调整与拓宽，呈现出丰富性与开放性。自称为"柴禾妞儿"的乔叶，在小说叙事中对于乡土也有独特的关注与探索。乔叶的乡土叙事，敏锐抓住现代化进程中乡土世界的激变，并以同情与悲悯之心，关注处于乡土变革期的农民的生存状态及精神变迁。在此之中，乔叶的乡土叙事一方面以"传奇"的笔调，丰富了"乡下人进城"小说主题的叙述；另一方面以敏锐的时代意识触及乡土城市化进程中的乡村建设，拓宽了乡土叙事空间。

---

① 李兴阳. 中国乡土小说叙事传统的承续与变异[J]. 中国现代文学丛刊，2017(2).

一、"乡下人进城"的传奇叙事

乔叶的乡土叙事多从"乡下人进城"主题出发，观照现代化进程中农民的生存处境与精神变迁。如前所述，中国的现代化的进程，正是城市空间不断挤压、吞噬乡土空间的过程，城市丰富的物质、完善的设施也吸引着"乡下人"产生"到城里去"的念头，并付诸实践。这一方面契合城市化建设的需要，也成为"乡下人"的一种普遍行为。与之相应，"乡下人进城"，也成为乡土叙事的一种经典主题。中国的"乡下人进城小说"的概念，始于徐德明。他认为，乡下人"最主要是作为都市/城里人的相对性概念，包含有身份悬殊，既得权利与分一杯羹者的竞争，它还是一个有悠久传统的历史概念，带有社会构成的一端对另一端的优势……颇有巴尔扎克的巴黎人与外省人区别的况味"①。在当下乡土不断走向现代化的进程中，乡土世界中生活的群体更具有复杂性，他们不再仅仅以耕种为生，在市场经济与商品经济的发展进程下，昔日的"农民"如今可以成为商人、成为乡村企业家，生活更具有丰富性。相较于"农民""底层人"等带有阶层分野色彩的称谓，"乡下人"的称呼更具有普遍性，也更合适于指称生活于乡土世界中的这些群体。

在中国现当代"乡下人进城"主题小说中，作家多是立足现实生活，或是站在城乡二元对立的视角，由乡下人在进城后的生存困境与苦难遭遇出发，书写乡下人"进城梦"的幻灭，也关注乡下人在跻身城市过程中处于城乡夹缝中的"两难处境"。在此之中，城市往往成为充斥诱惑以及物质欲望陷阱，并一步步使人坠入深渊的"罪恶之境"（如《阿毛姑娘》《骆驼祥子》《人生》等）。文学中对于"乡下人进城"主题的关注，实质上也揭示了中国现当代社会中城市化与现代化的变迁。乔叶的小说依旧关注了"乡下人进城"主题，其独特之处在于，以"传奇"的笔触构筑"乡下人进城"的传奇故事，并由此审视城市化进程中乡下人的生存困境，进

① 徐德明."乡下人进城"的文学叙述[J].文学评论，2005(1).

而表达对于现代化进程中城乡关系的反思。

"传"，即传录、记述；"奇"，即异闻奇事。"传奇"本是中国古代叙事文体的一种，而后也被视作一种叙事模式或叙事形态。鲁迅的《中国小说史略》中有言："传奇者流，源盖出于志怪，然施之藻绘，扩其波澜，故所成就乃特异，其间虽亦或托讽喻以纾牢愁，谈祸福以寓惩劝，而大归则究在文采与意想，与昔之传鬼神明因果而外无他意者，甚异其趣矣。"①在鲁迅看来，传奇是在志怪小说基础上发展而来，其叙事则是以丰富的"文采与意想"为特色，即强调叙述的形象性与文辞的丰富性；而内容上则是具有浓厚的道德教化色彩。学者张文东进一步将中国传统小说"传奇"叙事模式的基本要素归纳为三种：一是具有"尽设幻语""作意好奇"的虚构色彩；二是有"无奇不传，无传不奇"的以情节为中心的结构模式；三是具有"游戏成文聊寓言"的寓言意蕴。② 对于现代小说中的"传奇"叙事而言，道德教化及寓言色彩相对减弱，而情节构思、语言等的传奇性则仍有所延续。奇特性，是传奇叙事的一大特点。这种奇特可以是一种超越现实生活常规的虚构与想象，也可以是一种"万里挑一"式的独有。乔叶的乡土叙事，则是以一种"传奇"化笔调，书写一个个超越常规的"乡下人进城"之传奇。

乔叶并不是书写普通的农民工进城务工的故事，关注普通人进城状态，而是通过构筑极端化情境，关注"进城"后"乡下人"变为妓女、窃贼等非常态的群体，是谓之"奇"。《我是真的热爱你》中，家境贫寒的农村姑娘冷红在父亲去世后，不得不放弃读书，进城赚钱，供养生病的母亲与读书的妹妹，进城后，不料却掉入洗浴中心老板方捷的圈套，失去了贞洁。而后，失去贞洁的复仇心理以及不断生长的金钱欲望，让她逐渐丧失理智，在方捷的引诱下，一步步沦落为妓，甚至将自己的妹妹冷紫

① 鲁迅. 中国小说史略[M]//鲁迅. 鲁迅全集第9卷. 北京：人民文学出版社，2005：75.

② 张文东. 传奇叙事与中国当代小说[D]. 东北师范大学文学院，2013.

也拉下水。《锈锄头》中，石二宝怀着对城里人的羡慕以及想将儿女送入城里读书的目的进城务工，但其生活并不乐观，最终靠着收废品以及偷窃为生。在一次入室行窃过程中，失去了生命。乔叶通过书写这些"进城后"的小人物被排斥甚至走向堕落的命运，揭露出城乡二元对立的城乡空间图景，展现出乔叶强烈的社会批判姿态。

这些进城的"乡下人"，"到城里去"的原因不外乎赚钱与生存，但其在城市中的生活境遇却并不乐观。成长于乡土空间中的他们缺乏在城市立足的技术、知识、学历与经验，但同时又不得不面临城市高昂的生活成本与生活压力，最终成为被边缘化的底层群体。即使他们想通过赚钱弥补自身与城市的差距，但特殊的身份又使得他们依然被视作异类。如《我是真的热爱你》中，冷红与冷紫不顾个人生命安全协助警方成功抓捕通缉犯后，由于自身"小姐"身份的影响，她们并未得到应有的褒奖，相反却遭受轻蔑："对于你们这种人来说，公安机关对你们的事情既往不咎已经是很给面子了，如果还奢望什么奖金，就太不知趣了吧？"①借助这种身份特殊的"进城"主体在城市艰难、备受歧视的生存处境，乔叶得以审视社会转型期，乡土日趋被边缘化的处境、城乡之间难以弥合的差距与鸿沟。《锈锄头》更是构思精妙，乔叶通过以"锄头"引发的悲剧，来阐发这种主题。小说中，石二宝在入室抢劫时遇到了突然返回家的户主李忠民。在两人对峙之际，石二宝在李忠民家看到了锄头，二人便开始了对话，在李忠民诱导下，石二宝以为自己已被象征着城市的李忠民接纳，却在自身放松警惕之时，被李忠民用锄头打倒。"锄头"是小说的核心意象。在城市化的进程中，不仅"乡下人"不断被引诱"到城里去"，而且那些在乡土社会再寻常不过的农具，也被异化为城市的装饰、交流等的工具。就如小说中出现于李忠民家的锄头，被其挂在墙上，成为李家装饰的器具，以及用以展现自己下乡经历、树立自身形象的工具，而后又成为拉近其与窃贼石二宝心理距离的工具，最终成为"杀人的凶具"。

---

① 乔叶. 我是真的热爱你[M]. 武汉：长江文艺出版社，2004：258.

进城者石二宝的遭遇，以及"锄头"原始功用的丧失，预示着乡土终究会被城市所遗弃，而城市也并不会真正接纳乡村，展现出乔叶对于社会转型时期城乡关系困境的一种思考。

"乡下人进城"小说中，伴随于农民对于城市的向往与渴望，农民"进城"的行为往往时有发生。乔叶的《叶小灵病史》则从另类角度讲述"乡下人进城"的故事。这同样又是"乡下人进城"叙事的一种"传奇"。在自小怀揣"城市梦"的乡下人叶小灵眼中，"进城"已不止于空间上"到城里去"，而是"成为杨树市的人"①。在"进城"之梦驱使下，自小她生活用品要与城市人保持一致，日常行为中也与乡村人保持距离。但在乡村中出众的小灵在杨树市面前，却"被我们乡村这块大泥巴裹着，就是发不了她想要的那个光"②。随着高考与相亲之路相继失败，她的"进城"梦逐渐化为泡影，但叶小灵从未放弃"进城"之梦。她始终靠着《杨树日报》保持自己与城市的精神联系，并为此嫁给了同村的丁九顺。生了孩子的叶小灵，仍旧将"进城"当作最近的奋斗目标。她以退为"进"，试图将杨树庄打造成"她一个人的城市"：在肉摊附近设立小黑板来向村民传递各种精神文化知识；在丈夫当上村长之后，提议在村中修建图书室、棋牌室、装路灯、垃圾桶等，将路的名字设立成杨树市中道路的名字；甚至还要试图提议让村民学习普通话。叶小灵将"进城"当作奋斗目标与理想，虽然她并未嫁入城市、也并未去进城务工，她的"进城"梦通过让一切本应该出生于城市的东西都复现在杨树庄，造成真实与空间错位的荒诞感。而当杨庄被政府纳入杨树市的开发区后，叶小灵"进城"的理想得以实现，但她也至此也丧失了对于生活的理想，成为了庸常妇人。小说以戏剧化的姿态展现出乡下人叶小灵对城市的痴迷及一系列狂热的、非理性的追求的过程，这种对于城市的非理性追求，展现出叶小灵极端的身份焦虑。借助这一带有传奇化的叶小灵形象，乔叶实则揭露

---

① 乔叶. 叶小灵病史[J]. 北京文学, 2009(9).
② 乔叶. 叶小灵病史[J]. 北京文学, 2009(9).

了城市化进程中农民的身份认同焦虑，以及由之而生的精神困境。在城市化的不断推进中，生活于其间的如叶小灵一样的"乡下人"一面怀揣着"进城"梦，渴望获得城市人的身份，但"乡下人"的身份又让她受到现代城市生活的排斥，叶小灵这种处于城乡夹缝中的身份焦虑问题，也是乡土城市化进程中诸多"进城的乡下人"的精神写照。

乔叶曾说："相对来说，我比较喜欢那种有意思的小说。有意思的小说是从情调和趣味出发的，它不求宏大，也不求深刻，或者说，它不怎么重视意义的建构，只求渲染一种情调，传达一种趣味……换句话说就是有意思。"①"有意思"，反映在小说叙事中便是对于故事性的强调，这种写作观也是乔叶以"传奇"化笔调叙写"乡下人进城"故事的基础。这便使其小说的"乡下人进城"书写，以传奇化的笔调，关注进城的乡下人的特殊群体，描摹"乡下人"渴望"进城"的心理，批判城市化进程中"乡下人"在城市艰难的生存困境以及身份焦虑，进而反思社会转型时期城乡的二元对立。但同时，也应意识到，乔叶的这种过于强调故事性与传奇感的叙事笔调，也让其乡村叙事失却了某些深度。

二、时代意识与现代化乡土空间

乔叶乡土叙事的另一重特点，便是具有敏锐的时代意识。20 世纪90 年代以来的乡土叙事，在面对激烈的社会转型之时，也具有明显的回归"传统"的趋势。面对城市化与现代化的冲击，作家笔下的乡土空间，或是如那在城市化进程中日渐没落的乡土文化、乡土文明般，呈现出破败、萧瑟与没落之景，展现出对于传统乡土文化与文明的缅怀；或是以浪漫的手法，将乡土视作抵御现代文明的浪漫乌托邦王国。相较而言，乔叶的乡土叙事则更具有时代性与现实性，拓宽了乡土叙事空间。乔叶的乡土叙事是以敏锐的目光，捕捉处于现代化进程中的乡土世界的"新

---

① 平原. 锈掉的生活——乔叶小说《锈锄头》的道德诉求[J]. 名作欣赏，2012(10).

变"，具有极强的现实意识与时代性。乔叶认为："作家和时代，就是浪花和大海、庄稼和土地的关系。弱水三千，取一瓢饮，这一瓢水也是时代的成分。"①也就是说，作家的创作离不开时代，对于社会转型时期的乡土叙事尤其需要时代性。乔叶近年来的乡土叙事，即是展现出敏锐的时代意识与现实观照，并因此拓宽了乡土叙事空间。

随着城市化进程不断加快以及城镇空间的不断扩大，由之引发的乡土的拆迁问题，一度是乡土现代化的进程中的热点话题。乔叶说："作为一个中国人，我觉得中国现在就是一个拆迁中国、拆迁大地，我们处处都在拆迁。即使你自己没有拆迁，但是你数一数你的亲戚里面，肯定有人涉及了拆迁。在耳闻目睹下，拆迁成为我们一个最习以为常的事情。作为一个写作者，我一直身陷其中，想关注这样的事情，也不得不关注这样的事情。"②乔叶的非虚构作品《拆楼记》，便是以故乡张庄的拆迁事件为原型，进而关注乡土现代化进程中的乡土与农民的命运。

《拆楼记》围绕"拆迁"事件，深入当下乡村权力关系的肌理，展现出乡土空间下地方基层官员、农民，乃至于新闻媒体各自的真实情态，并揭示三者的种种暧昧的关系。关于拆迁事件，媒体往往将农民塑造为受害者，农民对于土地的依恋感，也是他们被视作弱势群体的理由。但乔叶却以犀利的笔触，揭露了农民在拆迁事件中狡黠、自私的一面。他们并不像媒体报道那样只是受害者与弱者，他们在得到村庄即将拆迁的消息后，开始试图以"盖楼"的方式与政府相博弈，为自己争取在这片土地上的最大利益。在此，农民的"盖楼"行为也颇耐人寻味，这并不只是为了获取更多拆迁款，更是他们内心面对乡土现代化进程中的茫然感、不适感以及即将失去土地的焦灼感的外化。面对被规划的"拆迁"，他们更愿将其戏称为"被上楼"。如小说中所言："可不是被上楼吗？谁想上楼啊。

---

① 饶翔，刘江伟. 乔叶：为行进中的乡村振兴留下文学记录[N]. 光明日报，2023-08-12.

② 乔叶，周大新，梁鸿. 拆迁深处的人性真相——银川书博会《拆楼记》对话实录[J]. 黄河文学，2012(10).

不敢想啊，将来整体搬迁，都上了楼，日子该怎么过？镰刀，锄头，玉米，小麦，这桩桩件件都搁在哪儿？想吃个放心面也找不到磨坊了。哪个小区会给你安磨坊？去店里买，又贵又不好。还得交水费、物业管理费、卫生费……还有生活方式的彻底改变对精神的影响。这些农民，他这么生活了一辈子，出门就是地，是平展展的田野。阡陌交通，鸡犬相闻……"①而其中的媒体，在对于社会公众事件的报道中，极易被人由于私利所利用，而失去了客观性。至于"拆迁"事件中的基层官员，小说一方面书写"拆迁"事件中基层官员作为执行者的困难与无奈，他们会遭遇一系列上访者或"钉子户"，会遇到诸多棘手的问题，这些官员对于农民的苦衷有着深深的同情与理解，但又身处其中无可奈何；另一方面又暴露出基层官员为了保护自己的仕途而牺牲他人利益的种种隐秘行径。

在城市化、现代化背景下，围绕乡土的"拆迁"事件，《拆楼记》展现出深刻的暴露性。这种暴露性的实现，源于叙述者"我"的身份以及独特的叙述姿态。作为叙述者的"我"的姐姐，正是生活在杨庄的普通农民，"我"与姐姐的血缘关系，正是展现出"我"乡土割舍不断的精神之根，"我"实质是仍与乡村之根有密切联系的"乡村的叛逃者"。这种身份，使得"我"在面对整个"拆迁"事件中无法置身事外，甚至帮姐姐出谋划策，并由此不断参与进了这一"拆楼"与"盖楼"的风波。"我"的这种身份定位，实质上是将自己置身于乡土社会中，以一种低姿态来完成对于乡土空间下人物生存伦理与权力关系的审视，从而使得"我"在叙述故乡的拆迁事件中，得以审视各方的真实状态。

乔叶近作《宝水》则是敏锐抓住了新时代下"乡村振兴"主题，敏锐捕捉乡村振兴背景下乡土空间的历史巨变。有论者认为，宝水似一部"当代乡村的'百科全书'与生活画卷"②。所谓"百科全书"，就是对于小说

① 乔叶. 拆楼记[M]. 北京：十月文艺出版社，2017：46.
② 李静. 中国式乡土现代化的文学赋形——论乔叶《宝水》的形式美学[J]. 当代作家评论，2023(3).

乡土叙事的绝佳称赞。对于如何书写大时代下乡村的变迁，乔叶坚持要从一个个细节着手，如其所言："乡村正在发生巨变，我能掌握的尺度和原则就是去捕捉细节。正如再高的山也需要一步一步攀行，我觉得对巨变的书写也必得附丽在具体细节中。密切贴合着人物的情感和命运的细节，都是让我动心的素材。"①《宝水》正是乔叶在这种文学观下精心编织的小说，也是乔叶眼中自己"写得最耐心的一部长篇小说"②。《宝水》直接以宝水这一村庄命名，并将之作为主要叙述对象，以及小说中主要描摹的乡土空间。在小说中，乔叶以丰富的细节描摹乡土空间的复杂性与立体感。乔叶对于乡土空间的细致描摹，离不开乔叶对生活经验的重视。如有论者所述："乔叶的文学，提供了对现实的直接经验和直观感受。突破了说教、理性的条框和固化而凸显了某种'真实'、'去伪'、智识障碍。"③这也促使乔叶在小说中得以展现出乡村建设与发展中的真实情态。

《宝水》中，乔叶主要描摹了两个乡土空间，一个是叙事者"地青萍"疗救失眠痼疾的宝水村，另一个则是"地青萍"的故乡福田庄，小说对于两个村庄的描摹都极具丰富性，这两个乡村空间，并不是破败、贫穷、衰落的乡村，两个乡土空间也因叙述者"地青萍"而产生了某种对话性。

宝水村，是乔叶着意书写的融合着现代文化与传统乡土文明的典型村落。它虽是太行山区的一个小村庄，但依托于自身的地理环境优势，发展旅游业，一跃成为名声在外的新型乡村。其中的村民，更是一改传统乡土小说中狭隘、保守的农民形象：这些村民具有现代经营思维，相继办起了旅馆，并运用抖音等现代新型传播平台来扩大宣传。风景如画、不断发展的宝水村不仅吸引着前来观光的游客，也吸引着青年人前来写生，充满新鲜的时代气息。宝水村的现代发展，离不开宝水村独特的自然之美、乡村风俗与民间文化，又离不开村庄浓厚的历史文化底

① 舒晋瑜. 乔叶：永远保持诚实的写作态度[N]. 中华读书报, 2022-12-21.
② 乔叶. 感悟乡村[N]. 解放军报, 2023-01-04.
③ 李蔚超. 乔叶论[J]. 作品, 2022(7).

蕴。村庄中也生活着九奶奶之类的乡村"老人"，她们那穿越时光的记忆，贯穿着乡土农耕文明传统与革命历史传统，也使这一乡村空间具有丰富的历史底蕴，而"村史馆"的建立，则是试图保留、构建村落的历史与文化底蕴。而在乡村建设中，宝水村虽然受到商业化与现代化的冲击，但宝水村的农民，却并未丧失同理心以及"仁义"的一面。可以说，这是一个乡村振兴背景下交织着传统与现代的、美丽新鲜的、欣欣向荣的、复杂又立体的乡土空间。

另一个乡土空间即是福田庄，这是地青萍的故乡。小说中关于福田庄的叙述有"过去"与"现在"两条时间线。"过去"的时间线中，福田庄交织着青萍的创伤记忆，与其说是在回忆福田庄，不如说是在回忆父亲、奶奶之死带给自己的创伤、愧疚感。因此，在记忆中，福田庄更像是那种"熟人社会"下乡土伦理的化身。而"现在"的时间线中，福田庄同样处于现代化进程中。福田庄已被拆得不再具备完整的乡村样态。父亲、奶奶去世后，青萍甚少回乡，她的叔叔也帮助青萍将其旧屋租了出去，颇有重走宝水村发展路子的影子。福田庄的发展与变迁也是新时代乡村变迁的另一重缩影，若说宝水村是乡村振兴的阶段性"完成时"，福田庄则更像是"进行时"，两种乡土空间的设置，展现出乔叶试图把握新时代乡土经验全貌的雄心。

总言之，《宝水》描摹了新时代下的"山乡巨变"，这种敏锐的富有时代性的笔触，大有"十七年"时期柳青等人的乡土叙事之味。不得不说，乔叶以敏锐的时代意识，吸收了传统乡土叙事经验，不断探索新时代下乡土叙事的可能性。

三、在犀利与温情之间

李敬泽曾说："作为小说家，一直有两个乔叶在争辩：那个乖巧的、知道我们是多么需要安慰的小说家，和那个凶悍的、立志发现人性和生活之本相的小说家。"①前者指向于温情化的叙述话语，后者则是指向于

———————

① 乔叶. 拆楼记[M]. 北京：十月文艺出版社，2017：2.

犀利的批判性叙述姿态。乔叶的乡土叙事依然兼有犀利与温情两重叙述话语。

乔叶的乡土叙事话语首先是犀利的。如前所述，乔叶关注现代化进程中乡下人的生存状态与精神困境，审视乡土空间的裂变与重建，这种批判性的审视展现出其敏锐犀利的叙事姿态。乔叶乡土叙事的犀利性更体现在对于人性的批判。典型如《拆楼记》，在"拆迁"这一充满利益博弈的公共事件中，拷问人性弱点。如小说中对于农民的批判："他们的穷是多方面的，绝不仅仅是钱。那么他们在乎的东西也就绝不仅仅是钱。他们害怕失去安稳，害怕没有归属感，也害怕被针对，害怕被收拾，害怕被整治，甚至害怕被遗忘，哪怕尊重只是最表层的最敷衍的尊重……和这些害怕相比，钱的魅力甚至十分微弱……一般的光脚人，哪有那么强悍呢？更多的光脚人，是弱的，他们看见穿鞋的人，怎么敢伸出自己的脚？"这也展现出对于农民斤斤计较、只关心眼前，不患寡而患不均的小农意识，抱团取暖的集体联盟轻易被利益纠葛打破。其中也有对于基层官员的批判，认为他们成熟圆滑，深谙民众的心理，善用计策，有着"狐狸一样的精明，间谍一样的戒心"。这种对于人性的犀利批判，也接续了鲁迅带有启蒙意味的乡土叙事传统。

犀利性也见诸对平凡普通的乡下人的形象描摹。如《旦角》中，乔叶这样描绘乡村中平凡的女性张老太太：

> 也就是个最一般的老太太，和许多小县城的女人一样。陈双见过太多这样的女人，疼孙子嫌媳妇唠叨儿子倚靠丈夫。不怎么巧，心眼也不多，一斤米只做一斤米的饭，捏不出别的褶子。当然也不是一味老实，秋快熟的时候，趁黑到城边的地里掐几穗嫩玉米也是常有的事儿。若是她家里的煤球炉灭了，想要去哪儿家借个火，也一定会抄个生煤球过来的。当然别人去她家借火也得守这个规矩，不然那块煤球就会窝在她心里，窝成一个煤球炉子。
>
> 心不怎么严实，也不怎么宽展；手头上不怎么松弛，也不怎么

窘迫。夏天的衣服上了五十，春秋的衣服上了一百，冬天的衣服上了二百，都是一项大的经济工程，是需要好好思量一番的。平素里买一葱一蒜都会翻捡半天，可是切出来的时候却是如椽赛梁，做到锅里更是五大三粗，不怎么着意去调弄味道。于是做出的饭菜尽管不短什么，却没有外面饭店那种扑鼻的香气，让人吃了几天就会索然。然而一直在外面吃的时候，也会令人想起她的饭菜，觉得她的手艺还是有耐人寻味的地方。①

在这一段话中，乔叶以机敏与犀利的叙述话语，塑造了朴素而又平凡的张老太太的形象。这一形象，平凡、普通，甚至于平庸，也有些世故，可以说是"家常的"乡村女性的缩影，展现出乔叶在犀利化的乡土叙事中构筑真实性的特点。

乔叶的乡土叙事不只是以犀利的眼光暴露乡土现代化进程中的问题，作为女作家，其乡土叙事也有温情化的一面。其乡土叙事的温情化首先体现在以平民立场，描摹乡土日常生活中人物的真实生活状态。乔叶不仅以冷峻与犀利的笔调，描摹进城的乡下人的生存困境，也以温情的笔触赞美这些底层人的道德坚守。典型如《良宵》中生活在底层的女搓澡工被丈夫抛弃，而后做了好几份工作来维持自己与儿子的生计。当她在洗浴中心工作时，却无意间发现自己的客户正是自己前夫的现任妻子。工作的辛酸、婚变的委屈和愤怒也并未让她向苦难生活低头，当她捡到那位女客户的镯子时，还是选择归还。透过日常小事，展现出女搓澡工的光辉品质，彰显出其叙事的温情。

同时，乔叶乡土叙事的温情化也体现在其乡土叙事中往往融合着救赎与女性成长的主题。以返乡者"我"作为叙述者，且"我"在返乡之前对于乡土以及生活于乡土世界中的亲人怀有偏见，试图不断逃离故乡。而成年后的"我"，在重回故土以及与亲人的重聚相处后，也逐渐改变了

---

① 乔叶. 且角[J]. 西部，2007(4).

"我"先前带有偏见性的认知。而叙述的最终结果便指向对于偏见的抛弃及对于乡土文明的理解，从而隐现着女性自我精神的疗救与心灵的成长主题。典型如《最慢的是活着》。小说中，自幼被祖母嫌恶"命硬似钉"的"我"，自小对于祖母也心有不快。祖母与"我"，实质上代表了两种不同的乡土价值观的碰撞。祖母作为传统农业文化的承袭者，身上不可避免带有重男轻女、迷信等陋习；而"我"则是乡土空间中现代化观念的象征。小说正是展现"我"与祖母的关系由对立走向和解的过程。其中，"我"对祖母印象第一次转变，是源于"我"在城市摸爬滚打的经历，在城市中，"我"将在异乡遇到的困难，当作是祖母的影子，这让"我"开始思考祖母对自己人生之路的意义。如小说中所述："她一直是我的镜子，有她在对面照着，才使得我眼明心亮。她一直是我的鞭子，有她在背上抽着，我才不敢昏昏欲睡。她让我知道，这个世界上，总会有人不喜欢你，你会成为别人不愉快的理由。你从来没有资本那么自负，自大，自傲。从而让我怀着无法言喻的隐忍、谦卑和自省，以最快的速度长大成人。"①而后，"我"在孕期返乡照顾祖母，随着与祖母接触日深，"我"也更加意识到两代人生命间的共通之处："我和她的真正间距从来不是太宽。无论年龄，还是生死。如一条河，我在此，她在彼。我们构成了河的两岸……我的新貌，在某种意义上，就是她的陈颜。我必须在她的根里生长，她必须在我的身体里复现。"②这是第二次对祖母态度的逆转，也实现了与祖母真正和解。在此，以李小让代表的城市文明价值观与以祖母为代表的乡土传统价值观念的和解，实则是基于对乡土的认同，祖母朴素、简单、坚韧、执着的乡村生命哲学一定程度上是拯救李小让心灵疲惫的良药。"我"与祖母关系的转变，实则也隐喻了乔叶对于城乡关系的温情化思考。或许，城市化现代化进程中，不必走向二元对立，二者也将互相融合。

---

① 乔叶. 最慢的是活着[J]. 北京文学：中篇小说月报，2008(7).
② 乔叶. 最慢的是活着[J]. 北京文学：中篇小说月报，2008(7).

总而言之，乔叶的乡土叙事，以同情与悲悯的眼光，关注现代化进程中"进城"的乡下人的生存状态与精神变迁，并以传奇的笔调，书写出另类的乡下人进城传奇。同时，又以敏锐的时代意识触及现代化进程中乡土空间的"新变"，拓宽了乡土叙事空间。就乡土叙事话语模式而言，呈现出"犀利"与"温情"交织的叙事形态。

第三节　文本修改背后的言说困惑

时隔五年，经乔叶重新修订后的《拆楼记》被北京十月文艺出版社再次出版。在再版《后记》中，乔叶这样写道："作为一个写作者，我越来越知道，没有什么完美之书。尽管在每一部书出版之前慎之又慎，但面世之后总会发现还有这样那样的问题。且随着时间的推移，问题还会越来越多。这些问题也许读者并不怎么在意，却成为我的心上之斑。祛斑之术，唯有再版时修订而已。"①"祛斑"之说，是作家乔叶的自谦之词，但是再版相较于第一版（河南文艺出版社 2012 年版）而言，确实也在局部发生了一些变化。这突出表现在相比较第一版而言，再版插图数量的大幅减少，以及每一节后注释数量的显著增多。那么，再版后的这两处变化，说明了什么问题？或者说，这两处变化彰显出作家乔叶怎样的创作历程？这是本文试图探究并解决的问题。在笔者看来，相较第一版而言，再版插图数量的减少、节末注释的增加，体现了作家乔叶从用插图解释文字到用文字解释文字的转变过程。而不论是"以图释文"还是"以文释文"，都彰显出乔叶作为一个阐释者②，一个由解释性话语活动所构成的文本的作者，她在试图让不同话语和领域之间达成沟通与理解时的焦虑。

---

① 乔叶. 拆楼记·后记[M]. 北京：北京十月文艺出版社，2017：264.

② 齐格蒙特·鲍曼. 立法者与阐释者[M]. 洪涛，译. 上海：上海人民出版社，2000.

一、第一版《拆楼记》"以图释文"的焦虑

关于"插图",《辞海》称其是"插附在图书报刊中的图片。通常分为艺术插图和科学插图两类,对正文作补充说明或供艺术欣赏"①。《大美百科全书》同样指认插图是"一种附随于本文的图画或画面……它的功能是替本文做更明晰的图面注释,并具有装饰美化的功能"②。也就是说,一般意义上随正文附着的插图,其功能是为正文作出注释与解释。而用插图解释正文,或者说"以图释文",其作为一种文学传统,古已有之。较早有"六经首《易》,展卷未读其词,先玩其象矣"③;之后有元代建安虞氏刻《全相武王伐纣平话》,全书四十二幅插图,均是对全书语言叙事的表现;而最典型莫过于《红楼梦》,不论是程甲本的《新镌全部绣像红楼梦》,还是双清仙馆统绣像,以及之后的石印铅印系统绣像,个中插图,作为文本的组成部分,在解释、说明、补充正文方面都起到了重要作用。到了现代,随着印刷术的大面积普及,"以图释文"的文学现象俯拾即是。如林白在2004年刊行的"新视像读本"《一个人的战争》,文本中几乎每一页都有插图作说明。又如在2006年,福建教育出版社出版的《编年体鲁迅著作全集(插图本)》内有插图四千多幅,其时的《文汇读书周报》点评"透过几千幅老照片,我们可以解读鲁迅文章,感知鲁迅笔下的人和事"④。可以说,用插图来解释、说明正文,用插图来表现语言叙事中的重要场景,是插图的重要功能之一。而作家乔叶在创作《拆楼记》时显然也意识到了这一点。她曾言:"近年来,因为外出开会比较

① 夏征农,陈至立主编. 大辞海·美术卷[M]. 上海:上海辞书出版社,2012:29.
② 《大美百科全书》编委会.《大美百科全书》第14册[M]. 北京:外文出版社,1994:458.
③ 萧云从. 离骚图序[M]//《刻画雅辑 离骚全图(上)》. 上海:上海古籍出版社,2016.
④ 转引自徐小蛮,王福康. 中华图像文化史·插图卷 上[M]. 北京:中国摄影出版社,2016:6.

多，我对摄影产生了兴趣。在《拆楼记》写作过程中，我多次到老家采访，也拍了很多照片……后来发现这些照片也是另一种语言，是无声的诉说，就把它们插到了书里。"①这便直接导致了在第一版《拆楼记》中出现了一张扉页图与十五张文本内插图的状况，平均每节一幅半的插图频率，也足见乔叶对这些插图的重视。而这些插图，确实也以"另一种语言"的形式，对文本进行着补充说明。具体而言，扉页图是乔叶的手绘图，她用铅笔画的形式描画了一张山阳市高新区的平面指示图。这里有张庄、乔庄、田庄三个庄在高新区的总体地理区位，也有这三个庄的相对地理区位，还有张庄内牵涉拆迁的"姨妈家"、"姐姐家"、赵老师弟弟家、赵老师家、王强家这五家，在村内的位置走向。因为拆迁问题的核心是补偿款，而政府发放或村民拿到补偿款的依据是建筑所在的位置，所以地理位置在拆迁中的重要性不言而喻。基于此，乔叶用扉页插图的形式精准勾勒了张庄在高新区的位置，以及上述五家在张庄的位置。正是借助这一扉页插图的表现，我们得以更直观、更容易地理解文本内"姨妈家"等四家联合王强家一同抢盖房屋的原因，以及紧邻养殖场的"姨妈家""姐姐家"等违建可以保留五米的结果。至于文本内的十五张插图，它们或以"上图下文"（即图片在上、文字在下）或以"上文下图"的形式出现，对当页文字进行解释说明。其中有牵涉张庄风土人情的插图，如鱼塘、老房子、公家大楼，但更多插图反映的是张庄村民在拆盖过程中的房屋动迁实际情况，从"姐姐家盖楼阵势铺开"到"一层已起"，从加盖三层已完工到听说拆楼插红旗，再到村里广告栏张贴《山阳新区管委会关于进一步整治违法占地违法建设的通告》。从"盖楼"到"拆楼"，这中间的一桩桩一件件，插图都有所表现与说明。可以说，作家乔叶用图像解释文字的形式，让整部作品的主旨更容易被读者理解，作品中人物的各自立场与出发点也更容易被读者捕捉，"以图释文"，不仅降低了文本的阅读难度，而且大幅提升了读者体悟文本中人物各自内心活动的可能性。

---

① 方家禾. 乔叶：《拆楼记》里不仅是我的故乡[N]. 焦作日报，2012-07-31.

但是，图像对文字的解释作用，并不只简单表现在正面。也就是说，图像对文字的解释，不仅表现为图像对文字的有效阐发，也有可能表现为图像对文字的曲解破坏，而后者，无疑会影响人们对文字的理解。因为就美学角度而言，文字以抽象性与想象性见长，诉诸纯文字的文本，让读者在阅读过程中能够产生良好的阅读期待，加深读者阅读思考的深度。而图像，则以直观性与具体性见长，相较于文字的想象性阐发，图像更依赖视觉产生效果，更诉诸眼球等外在感官系统。"以图释文"的结果，无疑是将文字的深义感性化和直观化，为阅读带来便宜，就第一版《拆楼记》而言，插图确实对相关文字进行了良好的补充说明，是古代传统"以图释文"在当代的良好延伸。但是，太多插图进入文字著作中，却也部分搅乱了文字原有的叙事格局和逻辑，部分中断了文章的内在文脉，将读者的注意力从文字引向图像本身，并暗藏着破坏读者对文字沉思默想式的感悟方式的可能性。① 也就是说，第一版《拆楼记》中过多出现的插图，虽然在部分程度上对正文起到了补充说明的作用，但是却也在部分程度上伤害了整个文本的内在文脉，造成了读者阅读过程中的停顿。更进一步而言，插图以其视觉优先性对文字施加的话语霸权，也部分削弱了读者通过文字获取创作主旨的可能。而这一点，是创作《拆楼记》时的乔叶所无法接受的，因为这牵涉文本的创作意图是否实现以及是否被读者理解的问题。在谈到《拆楼记》的创作初衷时，乔叶曾说："我主要不是为了表达农民个体和国家体制的利益博弈，当然也含有这方面的意思。我想写一个个个体，代表国家意志的官员其实也是个体。在小说中，他们都有自己的声音，不是一张公章脸。他们都是蛮可怜的个体，其实都很不容易，都在煎熬，都是一群受苦的人，而且大家都像在泥塘里打滚一样。"② 也是由此，有人曾指摘她在《拆楼记》中塑

① 周宪. "读图时代"的图文"战争"[J]. 文学评论，2005(6).
② 卢欢. 唯有孤独才有可能思考：当代著名作家访谈录[M]. 南京：江苏凤凰文艺出版社，2017：254-255.

造的"我"这一人物没有什么明确的道德立场。① 为此她曾辩白过，而且是以极强烈的自我代入形式。在她讲来，她怕自己像个很有道德立场的知识分子，因为知识分子的道德立场，不是冷眼旁观就是高高在上，这对她一个"卑微者"而言，是极度别扭的。一般意义上，作家对城乡二元关系的刻画，侧重点大多在现代城市对乡村的剥夺与压榨，展现的主题也大多是农民生活的困窘与市民生活的靡费，作家也是据此对城乡二元对立结构进行批判，以悲悯情怀对农民农村进行哀悼。典型如路遥笔下的乡村。同样出身乡村的乔叶，她没有选择老生常谈却也历久弥新的知识分子道德立场去批判乡村，她选择拥抱乡村，但是，她拥抱乡村生活的结果，却也并不是为农民代言，因为她自己也坦承，当混在这样一种阶层中时，她觉得"很不舒服"。在这个意义上，乔叶也与大部分"进城作家"一样，深感"两间余一卒，荷戟独彷徨"（鲁迅《题〈彷徨〉》）。但是，她的与众不同之处在于：当她体悟过知识分子阶层、农民阶层、市民阶层各自的生活后，她发自内心地认为农民与官员"都是蛮可怜的个体，其实都很不容易，都在煎熬，都是一群受苦的人"②，她既不愿意单纯站在知识分子立场，又不愿意局限于农民阶层立场。正是有了这样一种开放性的写作态度与写作立场，也才有了她在第一版《拆楼记》中试图用"以图释文"的形式，让读者去了解各个阶层人物的艰辛与不易。也就是说，借助"以图释文"的形式，借助用图像说明文字的文本结构，表面上看是乔叶试图将文字直观化，以让读者更好地体味每一个体的立场与行径，呈现农村阶层与城市阶层的各自苦衷。但是更深层次而言，作家乔叶试图借助"以图释文"的方式，在《拆楼记》中建构一种话语，一种不再局限于知识分子阶层（城市阶层或统治阶层）等单一阶层的话语，一种试图沟通农民与官员的话语，而这样一种开放性话语，无疑指向了这

---

① 乔叶. 拆楼记·后记[M]. 郑州：河南文艺出版社，2012：249.
② 卢欢. 唯有孤独才有可能思考：当代著名作家访谈录[M]. 南京：江苏凤凰文艺出版社，2017：255.

样的终极创作目标：那就是每个个体、每个阶层都应跳脱自己所处的个体位置与所属阶层，试着去与他者以及他者阶层进行沟通与交流，去试着理解彼此所处的立场以及各自背后的苦衷。作家乔叶在《拆楼记》中扮演的这一角色，其实也就是前文提到的"阐释者"角色。所谓"阐释者"，在鲍曼看来，是由形成解释性话语的活动构成，这些解释性话语以某种共同体传统为基础，它的目的就是让形成于此一共同体之中的话语，能够被形成于共同体传统之中的知识系统所理解。① 也就是在"以图释文"的第一版《拆楼记》中，在充满解释性话语的这一文本中，作家乔叶试图用插图解释文字的形式，让农民阶层与官员阶层都能够了解各自阶层的所思所想，进而体悟每个个体及其背后阶层的困窘与不易。在充分了解了乔叶的创作初衷之后，话说回来，前文提到图像对文字的解释，既有有效性，同时也有干扰性，第一版《拆楼记》中过多出现的插图，部分影响了读者更深层次阅读文字、进入文本、理解文本主旨的可能，因此，在五年后重新修订《拆楼记》时，乔叶选择将这些插图转换为每一小节末尾的注释，用文字解释文字的方式，替代先前的用图像解释文字，以更有效地传递信息，进而实现每个个体都能彼此沟通这一创作初衷。

二、修订再版《拆楼记》"以文释文"的焦虑

用语言解释语言、用文字解释文字这一文学现象，在古代文学史上亦比比皆是。前有贾长沙为《左氏传》释言、郑玄为《周礼》《礼记》作注，后有郑玄作《尔雅·释诂》、孔颖达作《毛诗·周南·关雎训诂传疏》。其实，这种用语言解释语言的文学现象，也就是古代文学史上称之为"训诂"的文学传统。郭璞称其是"释古今之异言、通方俗之殊语"，黄侃认为"诂者故也，即本来之谓；训者顺也，即引申之谓。训诂者用语言解

① 齐格蒙特·鲍曼. 立法者与阐释者[M]. 洪涛，译. 上海：上海人民出版社，2000：6.

释语言之谓"①。也就是说，古代训诂的目的是解释古今语言之异、通方言殊语之异，为了今人更好地理解古典文献典籍的思想内蕴。至于"训诂"这一古典文学传统在现代的创造性转化，便是"注释"。提到"注释"这一文学现象，它在现当代文学中的表现更是不胜枚举。其中有作者原注，也就是作者对自己作品所作的注释，如鲁迅对其小说《长明灯》中的两条方言作注，郁达夫、闻一多、茅盾等文人为其所作旧体诗词作注；也有他者作注，也就是编著者等其他人对作家作品作注释，如郭沫若《甲申三百年祭》在1945年出版时，编者在文末加注27条注释等。整体而言，现代文学的"注释"与古代典籍的"训诂"相比，可谓纷繁复杂，不仅增加了外国人名、地名、书名等的翻译与介绍，还增补了有关社会历史事件与文坛掌故的说明等。但是，在"注释"对"训诂"的创造性转化与创新性发展过程中，"注释"对历史人物、风土人情、方言俗语等的词汇的解释功能没有变，扫除时代地域因素，使文本通俗化、便于读者理解的功能也没有变。② 在这个意义上，我们可以说，作家乔叶在修订再版《拆楼记》中增加的注释，起到了进一步解释说明正文、便于读者理解的作用。

纵观第一版《拆楼记》，文本内注释条目共有27条，而修订重版的《拆楼记》，在作者乔叶有意增加注释后，文本内注释条目达到63条，相比初版增加了一倍还要多，而且在注释条目出现频率上，修订重版每小节平均出现3条的频率也远高于初版每小节1条的频率。那么，增加后的注释，主要都解释了正文的哪些内容呢？整体而言，这些注释的内容可以被分为两大类：一是对正文具体字句的解释，二是对正文牵涉的相关历史背景的解释。先来看增加的注释中对具体字句的解释。如上部《盖楼记》"情况"一节中对"一头沉"的解释。普遍意义上，"一头沉"这

---

① 转引自周大璞. 训诂学要略[M]. 武汉：武汉大学出版社，2013：2.
② 金宏宇. 文本周边：中国现代文学副文本研究[M]. 武汉：武汉大学出版社，2014：232.

一词汇并不常出现于文学作品中，因此作者将其单独拎出并解释，有效扫除了读者在阅读过程中存在的障碍。又如上部《盖楼记》"首战"一节对"镐"字的解释，讲其"一指刨土的工具，二指古代的一种武器。《说文解字》中言：'镐，温器也。'中国社会科学院研究院杨泓先生在专著《中国古兵器论丛》言道：'镐亦为古兵杖之一，形式奇特，长一丈三尺，柄端安一大拳，拳握一笔，纯以铁制，其重量不亚于斧钺，旧式仪仗中时见之。此器大约始于周秦之世，非猛勇之将，不得其用也，近来习此者，已寥若晨星，盖古法失传矣'"①，更是专注于对"镐"字的解释，而作家乔叶为读者通顺阅读体验的努力，由此可见。还有下部《拆楼记》"道理"一节对"一切不以结婚为目的的恋爱都是耍流氓"的解释，则充分兼顾到了网络流行语传播的局限性，以注释的形式使这句话的内涵更为广大读者所熟知。至于增加的注释对相关历史背景的解释，更是俯拾皆是。其中有对国家重大历史事件背景的解释，如对南水北调工程的解释："南水北调是缓解中国北方水资源严重短缺局面的重大战略性工程……"②如对新农合的解释：新农合，即"新型农村合作医疗"，是指由政府组织、引导、支持，农民自愿参加，个人、集体和政府多方筹资，以大病统筹为主的农民医疗互助共济制度③，其他像是土地流转制度、低保制度覆盖全国农村等特定历史时期的名词，在注释中也都有所说明。其中还有对土地爷等地方人文语境的解释。通过列举江西三清山某土地庙挂有对联"头上有青天，做事循天理；眼前皆赤地，存心不刮地皮"，河南洛阳某土地庙有对联"有庙无僧风扫地，香多烛少月点灯"，浙江嘉善某地土地庙"土生物以为功，故生金、生水、生木、生火；地时行之谓顺，愿时寒、时燠、时雨、时旸"④的对联，乔叶在注释中对全国各地土地爷的态度以戏谑性语言概说。其他也还有乔叶在注释中对住建局公务员

---

① 乔叶. 拆楼记[M]. 北京：北京十月文艺出版社，2017：149.
② 乔叶. 拆楼记[M]. 北京：北京十月文艺出版社，2017：25.
③ 乔叶. 拆楼记[M]. 北京：北京十月文艺出版社，2017：68.
④ 乔叶. 拆楼记[M]. 北京：北京十月文艺出版社，2017：40.

"无敌"这一绰号的微语境的解释。乔叶在 2016 年接受采访时，这样谈及这些注释的功能时说：（整个文本）"我写的是个人视角与感受，某种意义上太单薄，而官方层面对社会生活领域都有一套理论或政策。比如低保政策怎么出台、效果如何之类，而民间情况又是怎样，也摆在那里。我希望两者形成相互补充的作用。"①在这个意义上，相比较第一版的《拆楼记》，乔叶在修订重版中增加上述注释的目的，是对官方层面情况的进一步解释与补充，也是对文本正文内容的进一步解释与说明。也是在这个意义上，这些注释绝不是可有可无的文字，它们已经融入了文本人物群体的血肉和灵魂中，虽在表面上外在于这些人物和关于他们的叙事，而实际上内在于这些人物及其叙事的骨子里，② 而阅读这些注释的过程，就是体味文本《拆楼记》中各方人物心路历程的过程。整体而言，通过对文本《拆楼记》中涉及的相关文字、历史背景的解释，这些注释起到了降低阅读难度、方便读者阅读的目的。相比较第一版《拆楼记》，乔叶试图在修订重版《拆楼记》中通过"以文释文"的方式，降低文本的阅读难度，让读者更好地理解其创作意图。但是，评论家李敬泽也在为《拆楼记》作的序中指出"这些注释或许应该删掉，因为它们增加了阅读的难度"③。确实，大量历史背景的插入、复杂社会现象的阐释，都存在于每节末尾的注释中，虽然阅读这些注释能够对正文文本起到一定的理解作用，但是大量注释无形之中也增加了语言阅读的数量与篇目，不可避免地造成读者阅读量上的负担。而且，语言数量的增多，必然意味着相关文字阐释的多义性与复杂性，而这也增加了文本的阅读、理解难度。为保障文本阅读的有效性，提高读者对文本内蕴获取的可能性，作家乔叶选择在修订重版的《拆楼记》增加节末注释，但是，"以文释文"的形式同样也存在着信息传递部分歪曲的问题。在这个意义上，

---

①　卢欢. 当代著名作家访谈录[M]. 南京：江苏文艺出版社，2017：256.

②　李遇春. 中国文学传统的复兴[M]. 北京：商务印书馆，2016：300.

③　李敬泽. 拆楼记·序[M]. 北京：北京十月文艺出版社，2017：5.

乔叶所说"我尽力在我的文学世界中表达出尽可能丰富的道德图景和尽可能多彩的精神风貌，期望人们能从中得到火焰般的理解、悲悯和安慰"①的创作意图，试图让每个阶层的人们都能真正沟通、了解彼此苦衷，以悲悯情怀互相安抚的创作目的，还是未能真正实现。这也再次彰显了她作为一个阐释者，一个由解释性话语构成的文本的作者，在试图沟通不同群体、不同阶层人们的焦虑。

在第一版《拆楼记》出版时，记者问乔叶："《拆楼记》中写了家乡的很多人和地方官员，他们知道自己被你写到书里吗？有没有遇到责难？"乔叶回答："因为是在特别的情境下去接触他们的，所以面对我的时候，无论是村民还是官员，他们的状态都很放松。张庄村的人把我看做同一利益集团的自己人，官员们把我看作通晓潜规则的可以说事的'明白人'。我如一只蝙蝠，又禽又兽，或者说非禽非兽，飞翔在他们二者之间，听到了他们最大程度的真话。书稿写完之后，因为怕有硬伤，在发表之前我给一些官员看过，让我意外的是，他们都表示了认同，没有人责难我，他们反而为我担心，问我：你这样写，能有地方发表吗？发表之后我遇到了一些'底层代言人'的责难，这些责难出奇地一致：严厉谴责我对那些官员过于理解。扪心自问，我不过是尽量居中说了实话。这个世道，谁都不容易，包括那些官员。"②一般意义上，在城乡二元对立问题上，在农民与官员这两个对立阶层的问题上，较少有作家能够站在官员角度，表达对这些人的同情与理解。但是，换个角度而言，这种对某一阶层(如官员阶层)根深蒂固的偏见，部分程度上也造就了另一种隐性话语霸权。作家乔叶在文本《拆楼记》中有意地将这种一元价值判断导向多元化，即不再局限于站在农民立场批判官员，而是试图以自己的解释性话语，让不同立场的人能够相互理解，由此可见其谋篇布局的苦心。学者蒋勋在点评《红楼梦》中贾瑞的人生悲剧时说："贾瑞虽然活得

---

① 乔叶. 文学，我相信[N]. 文艺报，2011-06-01.

② 宋燕. 乔叶：《拆楼记》中有很多自我的东西[N]. 燕赵都市报，2012-06-10.

这么难堪，但其实是一个值得同情与悲悯的角色……他经过人世间的沧桑，受过人世间的磨难，所以他修道成功了，只有他才知道什么叫宽容。太过顺利的生命，其实不容易有领悟……当你有身体上的痛苦，才知道什么是真正的悲悯。"[1]在这个意义上，一向以"卑微者"[2]自居的乔叶，因为经历了人世的悲苦，看到了太多生命的悲凉，才真正拥有了悲悯情怀，她也因此用悲悯情怀去拥抱《拆楼记》中农民、官员等每一个在尘世中挣扎的个体，希望他们都能跳脱各自阶层束缚，拥抱自我、拥抱彼此、拥抱生命。

①　蒋勋. 蒋勋说红楼梦(第二辑)[M]. 上海：上海三联书店，2010：53.

②　乔叶. 拆楼记·后记[M]. 郑州：河南文艺出版社，2012：249.

第 五 章

传统技法的当代扩容：南飞雁小说创作论

　　作家南飞雁出生于 1980 年，依照现有文学评论界约定俗成的叫法，他自然而然被称作"80 后"作家。但是从南飞雁在公开场合的多次表态看，他似乎并不喜欢这样的称呼。或许这与"80 后"作家早年间被冠以青春文学、伤痛文学之名，以及随着这一概念定义而来的青涩、稚嫩，乃至市场化等有关。确实，纵观南飞雁的文学创作历程，仅仅以传统框定"80 后"作家群体的概念来定位，显得有些偷懒与不负责任。他有着"80 后"作家身上的共性，却也有着自己的特殊性。

　　南飞雁是少年成名的作家，他在大学期间，就写作并公开出版了长篇著作《冰蓝世界》。当时的河南评论界，专门在其学习和生活的郑州大学内为南飞雁召开了作品研讨会。如此高的创作起点，并没有让南飞雁停步不前。他凭借自身的勤奋与对文学的坚持，在之后几年间，接连写出了《大路朝天》《大学无烦恼》《幸福的过山车》《梦里不知身是客》等多部长篇小说。这些作品或围绕高中生活，或书写大学生活，共同构成了初登文坛的南飞雁的青春文学写作版图。当然，随着见闻丰富与阅历加深，南飞雁不再满足于校园书写，他开始涉足地域与历史，开始触碰那绕不开的宏大叙事与历史书写。经过两年的准备，2007 年南飞雁写出了《大瓷商》，这部围绕着豫商文化与钧瓷文化展开的长篇小说，横跨光绪初年到日本入侵的六十余年历史，因其恢宏的气势获得了第十一届精神文明建设"五个一工程"奖。这部转型之作，体现了作家南飞雁的野心与魄力。之后几年间，他考上了中国人民大学的创意写作班，在刘震云、梁鸿等一众大家的指导下，重新感悟、理解、思考文学。这几年间，虽然他不再有长篇小说问世，但是却也捧出了极具特色的《天蝎》《暧昧》《空位》《红酒》等官场小说，建构着自己的"七厅八处"。以上是明面上。暗地里，南飞雁始终在"养"着自己的长篇小说。2019 年，这部小说终于"养成"，他把它取名为《省府前街》。南飞雁又重新回到了宏大叙事的路子上，建构着他心目中的开封城。

南飞雁是"80 后"作家。他有着青春文学创作的起点，也与其他"80 后"作家一起面临过文学创作的转型。但是，南飞雁又不仅仅是"80 后"作家。他有着对宏大叙事、历史书写的抱负与野心，有着用文学作品建构历史的抱负与魄力，这在当今"80 后"作家中鲜少见到。因为"80 后"同侪们大多着力于地域书写或城市书写。毕竟，书写自己工作、生活、"战斗"的地方，更显熟悉、更好把握。在这个意义上，勇于触碰历史、书写历史、建构历史的南飞雁的历史书写，在"80 后"作家中独树一帜。他也为这一代际群体的历史书写，起到了积极的示范作用。也是在这个意义上，作为"80 后"的南飞雁，与曾经被质疑历史书写合法性的"70 后"作家一道，破除历史魔障，书写、建构着他们的历史王国。

作为 1980 年生人的南飞雁，他的文学作品都发表于新世纪以后。本章不打算对其新世纪以来的全部作品进行考察与梳理，而是着重分析其较具代表性的"七厅八处"系列与《省府前街》。因为这些小说展现了他独特的写作手法，比如采用"层累"式书写建构"七厅八处"的官场系列小说，又比如在《省府前街》中采用"蟠蛇章法"建构的"开封书写"。同时，他在这些小说中还引入流行音乐、靠山吼等河南梆子，在音乐与小说的交融互动中展现着他对小说结构的审美性追求。这也集中体现了他在继承引戏曲入小说等文学传统的同时，对传统的创造性转化与创新性发展。

第一节 层累性建构的"七厅八处"

"七厅八处"是南飞雁发表的《红酒》《暧昧》《灯泡》《空位》《天蝎》《皮婚》这六个中篇小说的惯称。虽然后来结集出版时命名为《天蝎》，但是因这六篇都是围绕着"七厅八处"里发生的故事来写，所以评论界还是称其为"七厅八处"系列。"七厅八处"多书写了现代官场的人际关系、为官生态，因此现有研究也多从此角度出发，探讨该系列对官场世态的描摹以及折射出的现实和当下的世俗生活。笔者在阅读相关材料时，注意到南飞雁在谈到此系列的创作初衷时，曾说过这样一段话："其实从我写完《红酒》以后，第二篇《暧昧》的时候，我就有一点想法，能不能像巴尔扎克的《巴黎》，像莫言一样，有自己一个邮票大小心灵的家园，然后我就开始慢慢在这方面有所设想。直到第三个中篇的时候，我开始有意识地在'七厅八处'描写，在这个特定的环境下，写他们的人、他们的生活、他们的感情、他们的困境。"①也就是说，在写作"七厅八处"的第一篇《红酒》时，南飞雁并没有明确地要建立自己的文学家园的意识，就像是莫言的高密东北乡、梁鸿的梁庄等，而是在写到第三个中篇《灯泡》的时候，开始有意识地建构独属于自己的"七厅八处"。这样一种文学创作的经历，颇似著名历史学家顾颉刚提出的"层累说"。在顾颉刚那里，"层累"指的是层累地造成的中国古史观。也即是说中国古史观是在后世每一代的不断阐释、创造与生产中层层累积建构而成的。南飞雁写作"七厅八处"系列小说的过程，颇似这种历代不同文化主体层层推进的再阐释、再创造与再生产的文化史观的过程。也是在这个意义上，笔者认为南飞雁的"七厅八处"系列小说，以层累式方法建构了自己的"七厅八处"家园。

① 南飞雁.《天蝎》的前世今生[EB/OL].（2018-10-10）[2023-10-14].https://www.sohu.com/a/258545883_185161.

一

显而易见的是，南飞雁通过书写"七厅八处"系列，建立起了自己的"七厅八处"场域。而且，这样的场域，是以层累性的方式建构成立的。诚如他自己所说："从写第三篇开始，我有意识地建立起自己的文学地标——七厅八处。过去写所谓官场的小说会具体到某个厅，因为工作关系，我在各个厅局单位都有熟人，'七厅八处'这样一个略带模糊的地标树立起来后，才有了这之后陆续的创作实践。"①也就是说，他的"七厅八处"场域的建构，是一个动态变化的过程，有着鲜明的层累性特征。先是《红酒》《暧昧》的摸索，后来到了《灯泡》对"七厅八处"场域的确立，最终经由《空位》《天蝎》《皮婚》夯实完成"七厅八处"这一场域。

《红酒》是"七厅八处"系列的第一篇，彼时的南飞雁还没有清晰地要建构"七厅八处"场域的自觉意识，但是现如今反观这部小说，我们会发现其中已然具备了"七厅八处"场域内的某些质素。首先是省厅级别官场情境的设定。如独揽大权的钟副厅长的出现，处于其下的各类处长、副处长、副处调的存在等。其次是在此场域内中年男女交往的暧昧与算计。像是离异后单身的简方平与刘晶莉的互相试探、与高干子女王雅竺的博弈等。最后是颇具符号性意义的"父亲"形象的设置。简方平的父亲以正处级别退休，在见到简方平生活遭难、官场遇困时，总是能适时地提点这个儿子，在"七厅八处"的场域中，对简方平而言似有"定海神针"的意味。之后的《暧昧》《灯泡》等系列小说，便是在此小说的基础上，以层累性方式，建构着"七厅八处"这一场域。小说《暧昧》开篇便直指故事发生在"七厅八处"，并围绕着副处调聂于川与徐佩蓉二人的暧昧关系展开。在这一叙述过程中，自然也夹杂着聂于川的职位升迁以及处里其他的人事纠葛。如果说《红酒》建立的场域，尚且是模糊的、未能直接有所

---

① 施晨露. 从主任科员到处长如何"进阶"，看看他笔下的"七厅八处"公务员人生百态[N]. 上观新闻，2018-10-15.

指的，那么到了《暧昧》这里，"七厅八处"这一场域已十分清晰。先前《红酒》中所涉及的"七厅八处"场域内的特定元素，在这篇小说中也得到了进一步的加强。至于第三篇《灯泡》，则是在前述层累性建构基础上，对"七厅八处"场域的进一步补充。这主要指的是对"七厅八处"场域的强大性、深不可见性的书写与强调。穆山北是七厅有名的"灯泡"，因为他不畏强权、不吃世俗那一套。但是在调到七厅九处管老干部活动中心后，他沉寂了。每天除了扫扫地，和退休老干部们打打牌，别无他求。原本以为故事会就此发展，但是"七厅八处"的场域是强大的，穆山北鬼使神差地开始融入"七厅八处"这一场域，并在此场域内左右腾挪，在官场上焕发生机，有了一番作为。这一篇小说的情节，脱离了先前以人物写场域的正面描写效果，反其道而行之，通过书写穆山北在"七厅八处"场域内由游离到回归的过程，建构出"七厅八处"这一场域的强大。在这一场域内生活的人，都像是被一个无形的大手，操控着他们的人生选择，最终走向这一场域想要他们到达的地方。之后的《空位》《天蝎》《皮婚》，无非是又选取了场域内的其他人物，书写他们在"七厅八处"的职场生活，或重复性地书写男女两性暧昧主题，或进一步夯实"父亲"形象对儿子的帮助与启发等。这些小说，都在以层累性的方式，书写着"七厅八处"的故事，建构着"七厅八处"这一场域。

关于场域，南飞雁自己曾说："我人大的课上，听梁鸿老师讲场域，听悦然老师讲视角，喜得我抓耳挠腮，眉开眼笑，忍不住手之舞之，足之蹈之。但要说这些问题，我又实在说不来，没有那样的学养。仅从现在的感觉来说，这个场域太强大，我熟悉的只是其中一个部分，随着熟悉的范围越来越大，这个系列还会继续写下去，目前还看不到边界在哪里。"①从南飞雁的这段表述，我们可以清晰地看到他自己对"七厅八处"场域的认识，也是经历了一个日渐深化的过程。而这样一种认识的逐日

① 刘宏志. 找到自己的一盏灯——南飞雁文学访谈[J]. 平顶山学院学报，2017(4).

递进，反映到他"七厅八处"系列的创作上，那就是提到的以层累性方式，建构着他眼中的"七厅八处"场域。

　　二

　　顾颉刚"层累说"的核心观点之一是"时代愈后，传说中的中心人物愈放愈大"①。这同样也表现在南飞雁笔下"七厅八处"系列中人物形象的层累性建构上。不过与之不同的是，南飞雁"七厅八处"中并没有一个居于中心的核心人物，而是由无数个不同面孔的小人物组成。在层累性叙述与建构中，最终勾勒出了具有共性的"这一个"普通人的面目，道出了每一个普通人都要经历的生的挣扎与困苦。

　　《红酒》是"七厅八处"系列的第一篇。该篇小说以简方平为核心人物，主要讲述了他的机关生活。其中有他借助红酒在机关步步升迁的官场生活，也书写了他在与刘晶莉、王雅竺、沈依娜等女性交往过程中映衬出的世态人情。该篇小说并未发生在"七厅八处"，也就是说南飞雁在写作这篇小说时，还没有建构自己文学家园的意识与冲动。但是，这并不妨碍我们在阅读《红酒》过程中，体味到简方平在现代官场生活中的挣扎与浮沉。而这，也为之后第二篇《暧昧》的问世，作了很好的铺垫。时隔一年后，南飞雁发表了他的第二篇小说《暧昧》。该小说的开场，便是"七厅八处的例会每周一次，时间在周一下午"②。故事便也围绕着来到八处第一天的徐佩蓉参加例会凑份子开始。这之后，引出了八处的处长老冯、副处长老陈、副处调聂于川、杂物内勤小李等人。故事的核心，则是围绕着曾经的大学同学、现在的部门同事徐佩蓉与聂于川展开。在二人的暧昧互动中，带出了现代机关生活男女处理感情的态度与方式，也一并书写了临近退休想要再提拔一级的老孙的心理变化、行为举止，半隐半现的钟厅长的权威与权势，等等。至此，南飞雁的"七厅八处"版

---

　　① 张越. 顾颉刚疑古学说百年流播的若干审思[J]. 史学月刊，2023(5).

　　② 南飞雁. 暧昧[M]//南飞雁. 天蝎. 上海：上海文艺出版社，2018：67.

图已初具雏形，上至省厅钟厅长，下至七厅、八处的男男女女，已然都出现在"七厅八处"这一图谱内。第三篇《灯泡》，则是对第二篇《暧昧》的书写基础上的层累性建构。这一篇主要围绕着七厅的"灯泡"穆山北展开。穆山北毕业后分配到七厅，因为"嘴黑"，也就是多在公开场合揭发领导同事的违法乱纪行为，而在二十五年内换了五个处室，并获得"灯泡"的外号。但是"灯泡"穆山北自从调到七厅九处，管离退休干部，在父亲和妻子的指点下，竟也浑然开窍，懂得处世原则，步步升迁。自然，其中也书写了七厅副厅长老焦，五处处长老于，九处处长老翟、副处长老曹等机关人物。可以说，《灯泡》中的穆山北形象，就是对前篇《暧昧》建构的"七厅八处"人物雏形的补充，进一步丰富了"七厅八处"的人物形象。至于随后的《空位》，则将描写对象放置在七厅下属研究院，围绕研究院内老蒙为小蒙争取事业编制展开，展现了研究院内一众人的官场生活与世态。《天蝎》则是书写了"七厅八处"的竺方平与丁婧蓉在感情上"过招"、在官场互相帮衬的故事。自然，其中又出现了七厅的丁副厅长、七处小韦、厅属研究院老赵、二处老侯等面孔。至于最后一篇《皮婚》，依循前例，出现了公考到七厅研究院、在八处帮忙的穆成泽，以及八处领导老林、同事付晓冉等。

从历时性角度出发，我们可以看到南飞雁在"七厅八处"中层累性建构人物形象的努力。其中有对同一个人物的重复性书写。如出现在不同篇目中的钟厅长，他总是高屋建瓴，对居于其下的副处或者副处调的升迁有着决定性作用。其中还有对机关生活中男女两性关系的重复性书写。如都是以男女二人离异为故事开端，着意描摹了人到中年的男女两性对待性、婚姻与自由的暧昧和拉锯。当然，除了这些重复性书写，还有对"七厅八处"这一文学家园内人物、故事情节的补充。最让人印象深刻的像是穆山北，小说主要呈现了他从体制内的反叛者逐渐被规训为体制内顺从者的过程。在"七厅八处"的这些人物形象群体，他们没有一个核心人物进行统摄，不存在着统领六篇的中心人物。因此，相较于顾颉刚提出的层累式建构中中心人物愈放愈大，南飞雁对人物形象的层累性建构，呈现出了自己独有的特点。也就是在层累性地建构独特性的"那一个"的过程中，最终建构起以具有普遍性的"这一个"——对普通人生存境遇的揭示。也诚如南飞雁在一次文学访谈中，谈到的"七厅八处"里的人物："在我的理解和建构中，七厅八处的衮衮诸公固然尊卑有别，长幼有序，那也只是在这个固定场域中。在八处，不管处长是男是女，是老是小，处长都是权威，以下众人要服从；在七厅，处长、处级干部好几十个，权威就成了草根。所以说，仅仅从职务的高低上，年龄的差别上，分不出'大'和'小'，这里的'大'，也正是那里的'小'。或者可以说，在'软弱'这个视角上，七厅八处里无论男女，无论年龄，无论职位，他们都是软弱的。他们的周遭永远都有一两股力量在挤压着他们，焦虑，不甘，疼痛，被挤压，被压抑……您提到的几个一致的地方，比如说中年官员，面临升迁，婚姻失败，等等。其实就我来看，这就像生老病死、吃喝拉撒一样，就像饿了要吃饭、渴了要喝水一样，对八处的人来说再日常不过。身在八处，饮食男女，滚滚红尘，所思所想的不就是这些吗？这里的一致，是生活的一致，是写什么层面的一致。"①南飞雁的这段话道出了他书写"七厅八处"各色人物背后的意义指向。在他看来，他并没有认为这些层累性建构的副处长、处长，乃至厅长，真真就是世俗意义上的大人物。在他看来，在人的这一层面上，他们与普通人一样，面临着焦虑、不甘、疼痛与压抑。在这个意义上，他的"七厅八处"系列，道出了每一个红尘男女的渴望与挣扎。而这也预示着其背后更深刻的对于人类整体的关怀与拷问。

　　三

　　纵观"七厅八处"系列，会发现身处其中的人物，对自身的认知，都经历了层累性的过程。也就是说，小说中的人物对自身性格、处事态度

---

① 刘宏志. 找到自己的一盏灯——南飞雁文学访谈[J]. 平顶山学院学报，2017(4).

等的思考与认识，是在层累性过程中得到确认的。典型如《红酒》中的简方平，刚离婚的他，尚未意识到自身可以待价而沽的优势。在面对介绍的女性朋友时，尚有自卑情绪流露。后来随着自己在官场平步青云，对女性认知，或者说对另一半的要求，也开始水涨船高。他不仅要求对方要有年龄优势，还要相貌身材好，最终他选择了比自己小十几岁的大学女生谈恋爱。但是在得知这一女生出轨前男友后，他又冷静地思考起了自己的仕途。又典型如《空位》里的小蒙。他开始对自己的认识，就是研究院可有可无的闲杂人等，但是随着单位多出来一个空位，自己有可能填补这个空位，由编外人员变为编内人员，他开始了对自己未来的谋划。如果说刚开始他还能坚守内心，与对手公平竞争，但是随着形势恶化，他开始陷害自己的竞争对手、对女友美如攀附公司领导的行为也视而不见。在这一系列行为之后，梦寐以求的空位还是没能让小蒙填补。但是他却也自此认识了更真实的自己："我"不是老实人，为了利益可以不管不顾。而今做了保安队长，别人贿赂"我"的钱，"我"当然要收下。小蒙的堕落，是一步接一步的，他对自我的认知，在这个意义上也是层累性的。而这样一种小说中人物自我认识的层累性，同样表现在《皮婚》《天蝎》等小说中。

如果我们结合南飞雁创作"七厅八处"系列的经历，或许会对"七厅八处"里人物自我认知的层累性建构，有更深层次的理解与感受。南飞雁在写作第一篇《红酒》时，身处北京，正在鲁迅文学院学习，当时的他对自己说如果这四个月里，再写不出一篇像样的小说，他就安心去写公文。2008年4月，他在北京十里铺完成了《红酒》。这之后，他过着按部就班的生活，在公文写作间隙，继续建构着"七厅八处"。他分别在2009年的4月、12月，以及2011年的3月，在郑州创作完成了《暧昧》《灯泡》《空位》。之后，经过几年准备，他成为中国人民大学第一届创意写作班的研究生。在读书期间，他还是过着分裂的生活：一面被抽调到省纪委写警示教育片的脚本，另一面在人大红楼完成了自己最后两部中篇《天蝎》《皮婚》的创作。至此，他的"七厅八处"系列也告完结。可以说，南飞雁的"七厅八处"系列，是他两段学习生涯的开始与结束。在这期间，他对自己、对"七厅八处"的生活的认知，实际也发生着变化。总结起来就是："第一个阶段，生活在提醒我：你小子不知道吧，七厅八处那儿有一群人，他们生活得蛮有趣，你可以来看一看，关注一下，看看有没有什么打动你的。第二个阶段，生活又来提醒我了：你小子听好喽，你也好，你关注的人也好，其实是分不开的，你们都是七厅八处的人，是一条道上的人，是一条船上的人。"①也就是说，南飞雁笔下的"七厅八处"里的人物，实际是跟着作者自己在一同成长的，在岁月的层累性建构中认识着自己、体味着生活。在这个意义上，作家南飞雁与自己笔下"七厅八处"里的人物一道，经历着岁月的洗礼，在岁月的层累式建构中，认识自我、体悟他人、感悟生活。也是在这个意义上，南飞雁借助"七厅八处"系列小说，表达了他对以"七厅八处"为代表的芸芸众生的关怀。

　　"七厅八处"里生活着各式各样的人，有厅长、处长、科长，也有与他们的生活联系着的厅长夫人、处长夫人、科长父亲，这芸芸众生，都在"七厅八处"这一场域内生活。尤其是人到中年的设定，上有年迈老人，下有待哺小孩，生活的重担让他们生活得格外沉重。面对"七厅八处"场域的挤压，他们每个人都活得小心翼翼、卑微而自尊。他们生怕行差踏错一步，自己已然建构的生活大厦全部倾倒。在与人相处时，他们背后也都有着第三只眼睛，计算着别人的心思，揣度着自己的话语。这样一群人生活得实在太过辛苦，满眼算盘，满肚子主意，生活给予他们的似乎是无穷的压力与不可言说的窒息。但是这何尝不是芸芸众生在某种程度上都无法逃避的生活的真相？如河南文艺出版社 2018 年版《天蝎》封底上的字所揭示的那样："这是森林中的一棵树，竺方平是树上的一片叶，丁婧蓉是叶上的一只蝎，丛林里的众生，皆能从中找到自己的

---

　　①　刘宏志. 找到自己的一盏灯——南飞雁文学访谈[J]. 平顶山学院学报，2017(4).

影子，男男女女，一眼狼藉，情深如海，鸡毛蒜皮……烦扰后有欢愉、落魄中有坚守、彷徨间有从容、冷眼里有悲悯，这就是我们熟悉却未能明言的凡俗日子。"

描摹官场的小说，在中国文学史上层出不穷。较为著名的有《官场现形记》《儒林外史》《二十年目睹之怪现状》等。到了现当代以来，尤其是当代以来，也有《沧浪之水》《人民的名义》等文学作品。它们在描写官场、对官员的歌颂与讽刺方面，都有着自己鲜明的特征与特色。南飞雁常说自己"七厅八处"系列，书写的是自己天生天化的生活，也就是自己日常所看到、听到、经历的生活。那么，如何书写出现代版以官场为核心的小说的不同之处，就是南飞雁所首要考虑的问题。也就是从何种角度切入、找到何种表达方式书写，是摆在他面前的首要难题。幸运的是，他找到了这样一种独属于自己的表达方法。那就是用层累性建构的方式，书写自己的"七厅八处"。其中有"七厅八处"场域的层累性建构，有"七厅八处"内人物形象的层累性建构。这样一种动态建构的文学写作方式与表达形式，突破了原有描写官场小说时的相对静态表达语态，呈现出自身的鲜明特色。至于对"七厅八处"里人物乃至作家自己的自我认知的层累性建构，突破了官场小说的一贯局限性，将视角放置在对芸芸众生"生的处境"的关怀，提升了"七厅八处"系列小说的文学品格。

第二节　开封书写的"蟠蛇章法"

《省府前街》是南飞雁 2019 年推出的长篇小说。这部长达 40 万字的小说，以老开封省府前街上几户人家的命运变迁为切入点，以 1949 年中华人民共和国成立为圆心，以开封沦陷、抗战胜利、开封解放、河南省省会迁往郑州为主要节点，展示了千年古都开封特定时期的嬗变轨迹，以及开封人面对时代巨变的挣扎与蜕变、惶惑与新生。该小说一经问世，便得到评论界的广泛关注。学者陈晓明主要就其中的城与人的关系展开。在他看来："《省府前街》将眼光拓展到了整个时代变迁下的河南城与人的命运……以沈氏家族在历史巨变中的命运为主要情节，讲述了在硝烟和炮火中变化的城和成长的人。"①其他也有学者从此角度出发指出该小说是以世俗生活展现了开封城的历史变迁。②

开封作为八朝古都，其历史悠久、文化厚重。有关开封书写的文学作品，也层出不穷。发生在天波杨府、满门忠烈的杨家将故事就发生在这里，冯梦龙纂辑的"三言二拍"，也多是对围绕着开封城发生的世情生活的描摹。至于著名的张择端的绘画作品《清明上河图》，更是取景开封，反映了北宋都城东京（今开封）的城市面貌，见证了东京当年的繁荣。至于当代文学作品中的开封书写，较为著名的则是作家张一弓的《远去的驿站》。该小说以开封城为立足点，记录了三个家族在近现代历史中的传奇人物和传奇故事。面对如此繁多的开封书写，作为后来者的南飞雁，他能为开封书写带来什么，想必是他动笔之前必须思考并面对的问题。在《省府前街》的后记中，他曾这样写道："1938 年，开封沦陷，花园口决堤，中日两国军队隔黄泛区对峙经年；1944 年，豫湘桂会战，河南几乎全境沦陷；1945 年，抗战胜利，开封光复；1948 年，开封解放，成为关内第一个获得解放的省会城市；1954 年，省会迁郑，河南省委、省政府迁往郑州。一座城市，不到二十年的时光里，几乎将它千百年历史中的兴衰荣辱，全部经历了一遍，这该是何等绵密、波澜、动人的历史。而这段历史的圆心，则是整整七十年前，新中国成立。一个旧政权的退场，一个新政权的成立，在任何意义上都是天翻地覆的事。在这样天翻地覆的公共事件里，在挣扎与蜕变、嬗变与坚守、惶惑与新生中的这座城池，是我最渴望进入的场域。"③这段自白，部分透露

---

① 陈晓明. 在历史中显现生命的奇崛[N]. 光明日报，2019-05-29.

② 米丽宏. 以世俗生活展现历史变迁——评南飞雁长篇小说《省府前街》[EB/OL]. （2019-08-16）[2023-10-14]. https://m.hebnews.cn/hebei/2019/08/16/content_7450413.htm.

③ 南飞雁. 后记：在夜深人静时进入那座城[M]//省府前街. 郑州：河南文艺出版社，2019：460.

了南飞雁在《省府前街》叙述中采用的"蟠蛇章法"。整体而言，以1949年新中国的成立为圆心，《省府前街》叙述了沈氏家族从郑州出发到达开封，并最终回到郑州的"首尾一体"的整体结构。这也便是刘勰、陈善以及钱锺书提到的"蟠蛇章法"。通过采用"蟠蛇章法"进行开封书写，南飞雁在《省府前街》中也进而呈现了自己"整一性"的美学追求。

开封书写，尤其是书写1938—1945年间的开封，对于未曾经历的作家南飞雁而言，是艰难的，其中不光要面对浩瀚如烟的资料搜寻与考证，光是来自历史中人的"影响的焦虑"，就让人压力倍增。好在南飞雁抗住了这样的压力。他巧妙地以"蟠蛇章法"的结构形式进行开封书写，在关于开封的家族书写、历史书写中找到了自己切入历史的方式。而他有关"整一性"的审美追求，也让浸润碎片化、去中心化的文学语境之久的人们，重新感受到了圆融、圆满、整体带给人的审美愉悦与内心满足。在这个意义上，南飞雁的《省府前街》，补充了开封书写的既有维度，为之后的开封书写，也提供了一份思路与方法。

一

"蟠蛇章法"一词较早出现在钱锺书的《管锥编》中。他形容这种章法的整体结构"其形如环，自身回转""类蛇之自衔其尾"①。文评家柯勒律治曾解释这一章法为："所有的叙述的共同之处，不，所有诗歌的共同之处……都在于使所叙述的事件……在我们理解中呈现出圆周运动之势——犹如一条蛇衔住自己的尾巴。"②其实中国古代关于此种章法结构，也有相似表述。如陈善在《扪虱新话》中提到："恒温见八阵图，曰：'此常山蛇势也。击其首则尾应，击其尾则首应，击其中则首尾俱应。'予谓此非特兵法，亦文章法也。文章亦应宛转回复，首尾俱应，乃为尽善。"③也

---

① 钱锺书. 管锥编[M]. 北京：中华书局，1979：229-230.

② 傅修延. 文本学——文本主义文论系统研究[M]. 北京：北京大学出版社，2004：13.

③ 朱易安，傅璇琮，等. 全宋笔记：第五编十册[M]. 郑州：大象出版社，2012.

就是说，"蟠蛇章法"是一种叙述的圆形运动，讲究首尾相接。通过作者叙述的运动，在读者心中留下一个圆形的运动轨迹。而这样一种"蟠蛇章法"，按照作者叙述运动所造成的圆形的不同，大致可以分为三种类型①：第一种是单纯的向心式结构。这种结构多围绕一个核心进行圆周运动，而这一核心，可以是人物，也可以是故事情节。典型如鲁迅《伤逝》的开头与结尾，都是涓生对子君的悼念，形成一种首尾相接的圆环。第二种是复合型的向心式结构。在这一结构里，具备一个主轴心和一个次轴心。这种结构虽然增加了次轴心，但是主轴心并没有失去它在小说内的统治地位。次轴心在交代事件、向前行进的过程中，同时也围绕着主轴心旋转，对主轴心的故事发展起到一定的补充作用。典型如巴尔扎克《高老头》。其中的主轴心就是高老头，而次轴心则是拉斯蒂涅。第三种是复合型的往复式结构。这种结构拥有多个轴心，典型如吴敬梓的《儒林外史》。通过叙述轴心不停转移，且布局一头一尾轴心的相似，给人以叙述复归于原处的印象，最终形成另一种"蟠蛇章法"。纵观南飞雁的《省府前街》，其对"蟠蛇章法"的采用，大致符合前述的第一种。站在故事发生地的角度，小说中人物由郑州到开封再回到郑州的过程，就是典型的圆周运动，形成了单纯的向心式结构。而据作家南飞雁自己说，《省府前街》是围绕着1949年中华人民共和国成立为圆心进行的叙述。在这个意义上，《省府前街》也是一种单纯的向心式结构。而不论是以小说自身而言，还是作家自述而言，《省府前街》都以"蟠蛇章法"的布局，呈现着南飞雁对"开封书写"的探索与思考。

　　沈家祖居密县，因遭太平军轮番骚扰，不得已祖上迁居郑州，而故事也就由此展开。在郑州地界上，沈尚得偶然获得的黄金二十两，作为沈家"启动资金"，帮助沈圣衍从商，掘得了人生第一桶金。这之后用这些钱，沈圣衍送儿子沈徵茹出国读书。而沈徵茹也不负众望，学成归国

　　①　傅修延. 讲故事的奥秘：文学叙述论[M]. 南昌：二十一世纪出版社集团，2020：107-111.

后出任豫省农商银行总行行长，手握财权。因此在郑州颇有势力的沈家，便与杞县望族文家结为亲家。这之后便也牵出了沈徵茹与文惠蕤的结合，并女儿沈奕雯出生的故事。随着沈奕雯长大，其母出国后决定离婚，父亲沈徵茹另娶冯氏为妻。其中自然爆发了后母与继女的冲突、父亲在两个女人之间的辗转调停等。当然，这些都是围绕着郑州这座城市，书写的沈家的故事。历史的车轮向前，日军攻占郑州，郑州失守，结束了沈家安稳的生活。他们被迫开始迁徙。沈徵茹作为行长，随大部队打前站，先行抵达洛阳。困于郑州城的沈奕雯和冯氏却也结识了守城将领赵贻海。随着省府迁至开封，沈奕雯和沈徵茹也相聚于开封。故事的发生地，便也转移至开封。在开封城里，尤其是沈家所在的省府前街，沈奕雯与赵贻海展开了一段颇为纠葛的恋情，她也结识了共产党人崔静姝，埋下了日后向党靠拢的种子。随着抗日战争胜利、国民政府在国内战场的节节溃败，沈徵茹被人告发投入监狱，最终以假死脱身。至于沈奕雯，她在知晓了赵贻海的移情别恋后，登报离婚，和共产党一道迎接着新中国的到来。中华人民共和国成立后，沈奕雯成为一名光荣的人民教师。在好友崔静姝遭国民党杀害后，她带着崔静姝的嘱托与期望，重新走向郑州，开始自己的人生新篇章。故事的结尾这样写道："1954 年 10 月 29 日，奕雯又走在了这条路上，前往那个以前叫郑县、现在叫郑州的城市。那里有她的丈夫，有她即将出生的孩子，有她的未来。这未来，正不慌不忙，为她而来。"①自此，故事也完成了始于郑州，经由开封，终于郑州的圆形轨迹。最终形成刘勰在《文心雕龙》中所说的"外文绮交，内义脉注，跗萼相衔，首尾一体"②的有机统一体。这是站在《省府前街》整个故事叙述的发生地形成的圆形叙述而言的，当然，这样一种"蟠蛇章法"布局，还呈现在以 1949 年中华人民共和国的

---

① 南飞雁. 省府前街[M]. 郑州：河南文艺出版社，2019：458.
② 刘勰著，周振甫注. 文心雕龙注释[M]. 北京：人民文学出版社，1981：375.

成立为圆心这一层面上。

南飞雁在《省府前街·后记》中曾这样说："这段历史的圆心，则是整整七十年前，新中国成立。"①也就是说，南飞雁在写作《省府前街》这部小说时，是以 1949 年中华人民共和国的成立为圆心进行建构的。在这个意义上，我们可以说《省府前街》同样具备单纯的向心式结构，它以中华人民共和国成立为叙述圆心，以 1938 年到 1954 年围绕着开封发生的历史事件与人物命运浮沉为半径，形成一种"蟠蛇章法"布局。中华人民共和国成立前，以夏昶达、崔静姝为代表的共产党人，他们为着中华人民共和国的成立，为着心内的共产主义理想而向前奔赴。如夏昶达自己所说："十五年前，1936 年，我在国民政府水利委员会任职，奉命前往泾洛工程局公干，到了西安之后，我跟延安方面取得了联系，几经辗转到了延安，参加了革命。再往前十五年，1921 年，我离开了固始老家，到开封的河南预校上学，后来去了美国学习水利。这两次选择，决定了我的一生。当时做选择的时候，我跟你一样，渴望看到一个新中国，渴望能用自己的双手去建设新中国。"②而同样的话，也从共产党人崔静姝的口中讲出："我这次到开封，当然是为了做统战工作，最大限度地争取所有进步人士、社会贤达和一切爱国者，一起为了新中国的建设奋斗。"③在中华人民共和国成立后，这样一群共产党人他们又开始为了新中国更加美好的未来而努力奋斗。在这个意义上，以夏昶达、崔静姝为代表的共产党人，他们的行为举止围绕着中华人民共和国的成立，做着圆周运动。在中华人民共和国成立之前，他们向着这个圆心努力奔赴，在中华人民共和国成立之后，他们同样以此为原点，继续向前奋斗。至于小说中的另一类人物，也就是沈奕雯、赵贻海等，显而易见的是，他们的个人抉择与人物命运，也是以中华人民共和国的成立为圆

心,进行着向心式讲述。如赵贻海的生平经历。在中华人民共和国成立前,作为国民党高级军官,他守开封城有功,但是随着国民党政权在全国范围内的失败,他逃至香港,过着落寞的生活。他的人生后半生,都在以中华人民共和国的成立为出发点,进行着回忆与讲述。可以说,中华人民共和国的成立,是他人生命运的分界点,以此为界,他的人生半径有着显著不同。沈奕雯的经历,也是以中华人民共和国的成立为圆心,进行着向心式叙述。中华人民共和国成立前,她作为国民党官僚家庭大小姐,被历史洪流裹挟向前。随着结识共产党人崔静姝,有了初步向党靠拢的意识,中华人民共和国成立后,在更多同志的感召下,努力学习知识文化,最终成为一名优秀的人民教师。以中华人民共和国成立为圆心,沈奕雯的生活与命运也发生着翻天覆地的变化。在故事结尾,沈奕雯坐在向郑州驶去的嘎斯车上。从郑县出发,抵达开封,最终又回到郑州,这样一个叙述的圆环,以中华人民共和国的成立为圆心,讲述了沈奕雯跌宕起伏的一生。还有沈徽茹。中华人民共和国成立前,他是豫省农商银行总行行长,国民党重要官员,中华人民共和国成立前夕,有感于局势变化,他以假死的方式存活于世上。但是最终还是在中华人民共和国成立后被处决。他的命运,也以 1949 年为圆心,进行着向心式运动。其他像是范书苊、王妈、侯翔然等的人物命运,也均是以中华人民共和国的成立为圆心,进行着向心式讲述。围绕着中华人民共和国成立,南飞雁书写了旧政权的退场、新政权的成立,也是围绕着这一圆心,开封城内的人们挣扎与蜕变、惶惑与新生。在这样的向心式结构中,城里的人朝着这一中心不可逆地运动着、讲述着个人与时代的悲欢离合。

二

"蟠蛇章法"布局的核心,便是圆形叙述,讲究故事首尾相接,犹如一条蛇的头部咬住尾部,形成一个闭环。这样形成的"圆",或者说整一性审美追求,自然与碎片化、无中心化的审美标准有所不同。

中国古代戏曲讲求一种大团圆结局,这即是典型的整一性审美追求，追求戏曲内各人物的结局完满。所谓道路是曲折的，结局是完美的。当然，这样一种整一性追求，在一段时间内遭遇到文学评论界的批判。在五四新文学家那里，戏曲的大团圆结局被视作是庸俗团圆论，被指是为了迎合市民、市场需要，破坏了文学本身的审美性。新文学家眼中的"糟粕"，在历史车轮里日渐被湮没。就整个文学史、世界史，乃至人类文明发展而言，随着20世纪初语言学诞生，人类开始对人与语言的关系进行一种重新认知。形式与内容的关系，有了剧烈变化。如果说在古典主义时期，文学作品的内容大于形式，写什么样的内容，对文学作品的意义与价值起到决定性作用，那么随着俄国形式主义的发展，怎么写，文学的形式问题显得日益重要与不可替代。阐释学、现象学前呼后拥，并最终发展至罗兰·巴特的结构主义。文学成为一堆框架、算式般的模型，形式的重要性发展至无以复加的地步。到了德里达，对结构主义的解构，成为必然。随着德里达对逻各斯中心主义的否定，中心、主体、本源，乃至于绝对的元始的一切，都被解构与消解。人类彻底进入无中心主义。巴塞尔姆的《玻璃山》、凯茜·埃克的《远大前程》、赫塔·米勒的《呼吸秋千》等，都是对此主义的表现。20世纪80年代，经历了伤痕、反思、改革文学大潮的洗礼，1985年后文学界开始兴起一股先锋主义创作热潮。马原、格非、墨白等作家在小说中争相进行形式实验，拒绝对文学作品赋予一定的人文意义。碎片化、无意义化，在国内也成为一股潮流。可以说，小说的团圆结局，小说对整一性审美风格的追求，已离开作家和作品太久了。在新时代的文学语境中，我们应该重新审视整一性的审美追求，检视其中的合理性与当下性意义。在这个意义上，南飞雁在《省府前街》中借助"蟠蛇章法"，呈现出他的整一性审美追求，是对文学审美标准单一化的一种补充。

　　前述提到，《省府前街》以"蟠蛇章法"为结构，谋篇布局，因此整部小说实际呈现出首尾相接的圆形叙事方式。而这样一种叙事方式，其实体现了一种整一性的美学追求。如故事展开从郑县开始，到开封，最终再回到郑州，在这样一个闭环内，人物经历着各自的悲欢离合。没有对支离破碎的、可能到来的未来的隐忧，一切都是那么圆满、完满，在封闭性架构内，人物虽也辗转腾挪，但是总跑不出这样一个闭环，从而给人以安稳、踏实的审美感受。而且，这样一个叙事圆环内，所有的人、事、物，都紧紧围绕着中华人民共和国的成立进行圆心式讲述。中华人民共和国的成立，收聚、吸引周围"散乱"的事件和人物，让故事的整体叙述呈现出一种内在的秩序与和谐。典型如故事结尾，沈奕雯最后一次走在回往郑州的路上，她这样回忆道：

> 这条路，奕雯太熟悉了。1945 年，贻海半夜拉着她去郑县，救出了被捕的静妹和徵慕，走的是这条路。1946 年，贻海又是半夜拉她兜风，在这条路旁，车抛锚了，两人在这里过了一夜。也是在那一年，徵茹拉着她走这条路，去郑县万年春饭店，看贻海和春玉结婚。而两年前，徵茹就在这条路边，在沙丘起伏的刑场上，走到了人生的终点。
>
> 1954 年 10 月 29 日，奕雯又走在了这条路上，前往那个以前叫郑县、现在叫郑州的城市。①

就沈奕雯而言，"抗战"爆发后郑县失守，导致她从郑县出发迁徙至开封，中华人民共和国成立后，她随着解放军和拥军优属一块儿奔赴新省会郑州，从郑县到开封再到郑州，沈奕雯的一生实现了一种闭环。这样一种封闭式圆环的设计，让身处其中的她，以及在阅读小说的读者，都感受到一种热烈的圆满，内心的满足。就整个《省府前街》这部小说而言，故事发生地从郑县到开封再到郑州的变化，也使得整部小说呈现一种整一性。一种故事的闭环与圆满。在这个意义上，身处其中的各式人物，似在这一整一性的审美追求框架内，也都实现着各自意义上的整一性人生。

---

① 南飞雁. 省府前街[M]. 郑州：河南文艺出版社，2019：458.

鲁迅在《再论雷峰塔的倒掉》一文里曾这样说："悲剧就是把人生有价值的东西毁灭给人看。"①在这个意义上，就《省府前街》的结尾而言，其实算不上悲剧。这样一种开放式的结局，对未来有所憧憬的结局，虽然没能有将悲剧撕碎给人看的震撼，但是在追求人生圆满、结局圆满的意义上，呈现给人们另一种审美享受。虽然故事中的人，也都在自己的年岁里遭遇着时代、命运的洗礼。没有人的一生过得是一帆风顺的，但是最终结局的向好、向善，尤其是那一份对即将到来的美好未来的憧憬，让人阅读过后心中充满着暖洋洋的感受。

中国古典悲剧多讲究一种大团圆结局。"中国的剧作家总是喜欢深得善报、恶得恶报的大团圆结局……戏剧情境当然常常穿插着不幸事件，但结尾总是大团圆……随便翻开一个剧本，不管主要人物处于多么悲惨的境地，你尽可以放心，结尾一定是皆大欢喜，有趣的是他们怎样转危为安。"②这样一种大团圆结局，其实也就是中国人对整一性审美特征的追求。像是《西厢记》中的张生和《牡丹亭》中的柳梦梅，还有《破窑记》中的穷书生吕蒙，最终都迎来了大欢喜结局。至于《梁祝》中的梁山伯与祝英台，最后也幻化成蝴蝶，比翼双飞。更不要说《长生殿》中的唐明皇与杨贵妃，《雷峰塔》里的白素贞与许仙，甚至于《窦娥冤》中的窦娥，最终也沉冤昭雪。可以说，这样一种追求故事结局完美的行为，就是整一性审美追求的一种表现。在先前文学语境中，我们多用西方的文学、审美标准来框定我们自己的文学作品。如站在莎士比亚等文学家的西方悲剧立场，指认这样一种大团圆结局，或者说整一性审美追求，是中国古代封建文化对中国人心内的规训。也是站在这样一种角度，指认这些悲剧作品未能达到西方作品所抵达的精神高度与文化深度。诚然，这确实有着一定的合理性。中国传统道德思想的限制、伦理观念的束

---

① 鲁迅. 再论雷峰塔的倒掉[N]. 语丝，1925-02-23.

② 朱光潜. 悲剧心理学，朱光潜美学文集(第5卷)[M]. 上海：上海文艺出版社，1989：509.

缚，尤其是封建教条对人的束缚，某种程度上造成了这样一种文学表现。但是，如果站在积极的一面上，站在对中国传统文化批判性继承的角度审视，这未尝不是经历了千年朝代更迭，看尽了悲欢离合的中国人对世人的大悲悯情怀。也就是说，人在世间所遭受的苦痛已然太多，文学作品作为涤荡人心灵的一种工具，如果能让阅读它的人获得片刻内心的欢愉，对人世间重燃热情与希望，那么这样一种结局的选择，也就在所难免。也是在这样一种角度上，笔者认为以大团圆结局为代表的整一性审美，有着其存在的意义与价值。

南飞雁《省府前街》的大团圆，是在对传统文化进行创造性转化与创新性发展基础上的整一性审美表现。因为他的整一性审美追求，是建立在沈奕雯对已然到来的新中国的未来的憧憬之上的。这样的新中国，意味着一种新的秩序，一种新的理想，一种全新的生活方式。"它是站在海岸遥望海中已经看得见桅杆尖头了的一只航船，它是立于高山之巅远看东方已见光芒四射喷薄欲出的一轮朝日，它是躁动于母腹中的快要成熟了的一个婴儿。"①这是与中国封建王朝不同的，这是与西方资本主义不同的、真正基于中国国情的中国式现代化进程。那里有沈奕雯的丈夫，有沈奕雯即将出生的孩子，有沈奕雯的未来。这未来，正不慌不忙，为沈奕雯而来。这未来，也向着故事中的所有人，向着沈徵慕、沈徵纯、沈徵荻、侯翔然、范书芃而来。也是在这个意义上，笔者认为这是对传统大团圆结局的创造性转化与创新性发展，是对传统整一性审美追求的创化。

第三节　诗词入小说传统的当代转化

以诗词韵文入小说，是中国古典小说结构文本的一种常见方式。学者陈平原指出这是由古代小说与诗词韵文等的文学地位所决定的。在他

---

① 南飞雁. 省府前街[M]. 郑州：河南文艺出版社，2019：255.

看来，在古代文学语境中，小说作为"引车卖浆"之流阅读的文学作品，一直在各种文类中处于中下游的位置。这从小说被称作"小道"，不能登大雅之堂也能看出。而为了提升自身的等级以及文学性，小说在向"经史子集"靠拢的过程中，也吸收了被称作古代文学精华的诗词韵文的优点。这最典型表现在小说中插入诗词韵文，或者说诗词韵文入小说。这一文学现象在唐传奇中已有显现。到了宋代话本小说，更是演变成为入话、篇首诗等固定模式。发展至明清，集大成者如《红楼梦》，其中用诗词隐括小说中人物命运，最让人印象深刻，也最为人所称道。而这样一种以韵入散的小说文体特征，在进入现代后，也发生了现代性转化。如诗词韵文在小说中地位与功能的变化，诗词韵文对现代小说叙事节奏的影响等。典型如王安忆小说《长恨歌》。整部小说与古诗之间的联系极为紧密，在古诗征引、意象意境借鉴、古诗功能等方面对小说产生深刻影响。这彰显了当代小说语境中古典诗歌的回归与新变，体现了当代小说对传统的创造性转化。而本节所提到的南飞雁小说中的以韵入散，指的是更具音乐性和歌唱性的河南梆子、红色歌曲、流行歌曲入小说，并与小说的交融互动。这自然也属于小说文体对传统进行创造性转化与创新性发展的表现，体现了作家南飞雁对中国式现代化文学表达的具体实践。

一

《省府前街》中有大量引用河南梆子入小说的现象。河南梆子，也即现在的豫剧，属于中国梆子这一传统戏曲的大家族。在某种程度上，梆子声腔可算是中国戏曲声腔体系家族中的长辈，与京剧等都有着极为深刻的渊源。河南梆子作为这一大家族中的一员，在河南大地上也散发出诸多派别。以开封为中心的唱腔被称为"祥符调"，以商丘为中心的唱腔是"豫东调"，以洛阳为中心的唱腔是"豫西调"，豫东南的唱腔被称作"沙河调"。清朝末年，河南梆子戏的演出团体，已经遍布整个中原大地。到了抗战前后，更是出现了诸多豫剧女演员。看戏、唱戏、听戏的人群数量庞大。正是有了如此庞大的群众基础，尤其是像小说中王妈这样的听戏群众、葛春玉这样的表演人员，所以《省府前街》在对开封城生活进行勾勒与描摹时，也多加入了河南梆子这一传统戏曲元素。这是对当时开封城内生活的忠实呈现。当然，南飞雁引河南梆子入小说，尤其是借小说中人物将某些唱段表演出来，与小说内的人物命运或相辅相成，或形成反衬，在河南梆子与小说文本的交融互动中，反映他对旧时代、旧人物的命运的悲悯。

小说中最早出现河南梆子的地方，是反清志士赴刑场行将被杀头时。在郑州十字大街的刑场上，好汉唱起他的靠山吼：

> 刀劈三关，
> 刀劈三关我这威名大，
> ……①

这是河南梆子的传统剧目，名为《刀劈三关》。讲的是唐朝将领雷万春，亲捕郭震，刀劈三关，擒辽主羌洪的故事。在戏里，雷万春最终识破奸臣郭震的计谋，驰往三关救援，最终大获全胜。但是在小说里，故事的结局却是反清志士遭到砍头，正义并没有得到伸张，腐败的清王朝依然统治着劳苦大众。将《刀劈三关》与小说内人物命运进行对比，刑场好汉壮志未酬身先死的行为，更让人悲叹。这是河南梆子与小说内人物命运形成的反衬。还有河南梆子与小说中人物命运的相辅相成，所谓河南梆子以隐括的功能，暗示着小说内人物命运的走向。如沈圣传对沈徽茹唱的戏词：

> 乌纱帽好比是量人的斗
> 白玉带正似那捆人的绳

---

① 南飞雁. 省府前街[M]. 郑州：河南文艺出版社，2019：14.

做一天官我又赚一天怕

吃一天皇粮我担一天惊

我不做高官我不接俸

我不吃俸禄我不受惊

老祖宗老话儿教得好

官大有的是险哪，树大招的是风①

这是《辕门斩子》里面的一折，杨延昭的唱段。这一曲子讲的是宋朝时期，辽南下入侵，杨延昭之子杨宗保被穆桂英所擒，后私自招亲。杨延昭回营后，将亲生儿子杨宗保绑在辕门欲将其斩首。后八贤王、佘太君等轮番求情。最终，惧于穆桂英势力，杨延昭赦免杨宗保。最终杨宗保与穆桂英夫妇合作大破天门阵。这一段讲述的便是杨延昭宁肯辞官回乡，也要斩杀自己的孩子杨宗保。至于小说中沈圣传唱这一段给沈徽茹听，目的是规劝他做官的风险，让他小心行事。而如果结合小说中沈徽茹的命运，所谓最终妻离女散、自己也被处决，或许更能体味这一唱段的内蕴。其时听这一唱词的沈徽茹，如日中天，掌握省府财政大权，在官场内游刃有余游走的他，想必在听到这段河南梆子时，并未挂在心上。他确实也只是淡淡地跟三叔沈圣传说了他都懂。但是，最终他却还是走了戏中唱的那条路，官大风险，树大招风。在国民党兵败如山倒的预势中，自己也遭人举报，银铛入狱。站在这样的角度重新审视《辕门斩子·戴乌纱好似愁人的帽》这一唱词，沈徽茹这一人物背后的浓浓的命运感，及其带来的悲剧意味，就日渐浮出水面。也是在这个意义上，南飞雁通过河南梆子所要反映的他对旧时代人物的悲悯与感叹，也就跃然纸上。

河南梆子对小说中人物发展起到推动作用，或者暗示作用的，还体现在王妈和葛春玉的几首唱词里。像是葛春玉声泪俱下地唱暗示姜秋莲

---

① 南飞雁. 省府前街[M]. 郑州：河南文艺出版社，2019：202.

命运的《春秋配》。尤其是唱到"遇君子在荒郊前来问话，虽然是男女别不得不答，我居住罗郡庄魁星楼下，门外有两棵槐柳娇芽，我的父名姜绍字表德化，每日里贩细米常不在家，在家中我受不尽继母拷打，被她罚我到荒郊来捡芦花"①时，想到自己的老母亲眼里只有宅子和大洋，而自己年轻时红极一时，如今因抗战爆发只能委身汉奸的命运，不禁泪如雨下。还有王妈因担忧姑爷赵贻海被年轻女大学生诓骗，而唱给沈奕雯的《千里送》(《送京娘》)，歌中唱词"走过了一河又一河，河里面有一对大白鹅，公鹅在前边它游得快，我的兄长啊，母鹅在后边它叫哥哥"②简直就是对赵贻海日后出轨女大学生的真切映射。还有像是葛春玉得知沈奕雯与赵贻海离婚后离开大院时，唱的《白蛇传·断桥》。该剧源自明代冯梦龙《警世通言》第 28 卷，经后人改编，成为中国传统戏曲经典剧目。该剧讲述了修炼千年得道的白素贞，在西湖边寻找到自己的救命恩人许仙，并与之结为夫妇。后金山寺和尚法海将许仙囚禁至寺内，白素贞与小青、法海斗法，水漫金山，因触犯天条，最终被镇压于雷峰塔下。后青蛇学法归来，摧毁雷峰塔，白素贞许仙夫妇得以团圆。至于《断桥》一折，主要讲的是白素贞在金山寺被法海击败，退至西湖断桥，法海放许仙到断桥与白素贞相会，后白素贞被摄入金钵内，锁于雷峰塔下。小说内的河南梆子唱词"自从你背为妻暗自出走，哪一夜我不等到月上高楼？对明月思官人我空帷独守，为官人常使我泪湿衫袖，我把咱恩爱情思前想后，怎不叫我女流辈呀愁上加愁？一愁你出门去遭贼毒手，二愁咱夫妻情恩爱难丢，三愁你茶和饭未必可口，四愁你衣服烂哪无人补修"③，写出了葛春玉对赵贻海逃至香港后的忧愁，写尽了她的担忧。在这个意义上，小说内的河南梆子《白蛇传·断桥》确也起到了描摹小说内人物情绪、推进故事情节向前发展的作用。

---

① 南飞雁. 省府前街[M]. 郑州：河南文艺出版社，2019：188.
② 南飞雁. 省府前街[M]. 郑州：河南文艺出版社，2019：252.
③ 南飞雁. 省府前街[M]. 郑州：河南文艺出版社，2019：284.

需要注意的一个现象是，河南梆子在小说《省府前街》内出现的位置，全部在《解放》一节之前。也就是说，河南梆子唱词只出现在抗战爆发到中华人民共和国成立之前。在 1949 年中华人民共和国成立后，河南梆子的唱腔就不复存在，而被代之以其他音乐形式。就这一点而言，还是很耐人寻味的。我们可以说这是南飞雁借助只出现在旧时代的河南梆子，隐喻那些唱着河南梆子的旧式人物在新时代命运的终结。而如果仔细审视并梳理出现在小说内的河南梆子，会发现其中大多是哭腔或者哭戏，而这也颇符合河南梆子"十出戏八出哭"的说法。在旧社会，人们受尽了封建制度的压迫与剥削，面对制度与人的压制，劳苦大众心内最深的人生感慨，就是悲苦。他们大多数不识字，读不懂文书，但是那最通俗的河南梆子，那一声声哭腔、一声声号哭，却也道尽了人世间的悲苦与无奈。作为河南梆子的精神内核，这一悲苦内核自然在一代一代的演唱中被传承下来。就小说人物而言，他们也在各自的演唱中，继承并表达着他们一辈对时代黑暗、生活困苦、命运不济的慨叹。南飞雁在小说中插入河南梆子这一戏曲形式，尤其是安排其只出现在旧时代旧人物口中，真切表达了他对旧式人物在旧时代悲惨命运的悲悯与同情，展现了他独特的思考与感受。

二

引红色歌曲入小说，是南飞雁创作中音乐与小说交融互动的又一表现。红色歌曲，与中国共产党一同诞生，是中国共产党在新民主主义革命实践中形成一种独特革命话语，是中国共产党领导革命文化的重要组成部分。中国共产党在成立之初，就重视发展红色革命歌曲。在《古田会议决议》《苏维埃区域红五月运动的工作决议案》等文件中，都强调了红色歌曲在革命工作中的重要作用。在红色歌曲的萌芽初创阶段[①]

---

① 王海军. 中国共产党革命话语的建构与表达(1919~1949)——以红色歌曲为视角的解读[J]. 人民论坛·学术前沿，2021(14).

（1919—1927），知识分子创作出了《少年先锋队歌》《五一劳动节》《国际歌》《黄埔军校校歌》《国民革命歌》《工农兵联合起来》等诸多歌曲，对党的革命事业起到了重要的促进作用。在红色歌曲初步成形阶段（1927—1937），苏区《红色中华》《红星报》等主要报刊，刊登了诸多红色歌曲，苏区工农大众也创作了诸如《送红军远征》《欢送红军到前方》等红色歌曲。在红色歌曲成熟发展阶段（1937—1949），为争取抗日战争胜利，当时的音乐工作者们如冼星海、贺绿汀、吕骥等，成立"中华全国歌咏协会""陕甘宁边区音乐界救亡协会"，创作革命歌曲，宣传抗战精神。而这一阶段，也是红色歌曲生产数量最多、影响最大的阶段。著名的有《大刀进行曲》《游击队之歌》《延安颂》《山丹丹花开红艳艳》《人民救星人民爱》《毛委员恩情似海深》《咱们的领袖毛泽东》等。可以说，红色歌曲随着中国共产党一同发展壮大，红色歌曲中对中国共产党的政策宣传、领导人英勇事迹的歌颂等革命话语，都随着人民群众的传唱，而得到广泛传播。具体到作家南飞雁创作的小说而言，通过在小说中引用红色歌曲，通过描写人民群众歌唱红色歌曲，反映了中华人民共和国成立后中国人民对党的路线、方针、政策的拥护，映衬出新时代、新人民昂扬向上、奋发努力的新的精神面貌。

引红色歌曲入小说现象，主要出现在小说《省府前街》中。1948 年中国共产党解放开封，虽然这离 1949 年 10 月 1 日中华人民共和国最终成立，还有一年多的时间，但是生活在开封城内的民众已然开始了他们的共和国时间。在 1949 年 5 月 1 日劳动节到来之际，开封市委、市政府要组织全市军民大游行，一来是庆祝劳动节，二来是庆祝南京解放。崔静姝在市工会妇女部工作，奉命组织妇女表演扭秧歌和划旱船。这一支翻身妇女方队也不负众望，在五一节当天，赢得掌声最多，欢呼声也最热烈。她们边跳舞，边唱着：

> 民主政府爱人民呀，
> 共产党的恩情说不完。

呀呼嗨嗨伊嗬呀嗨，

呀呼嗨呼嗨，呀呼嗨，嗨嗨，

呀呼嗨嗨伊嗬呀嗨。

这首大众耳熟能详的红色歌曲的名字是《解放区的天》，是刘西林在1943年根据河北民歌曲调填词而成。1937年，十八岁的刘西林参加八路军，第二年被分配至贺龙领导的一二〇师战斗剧社，从事民歌搜集和配歌工作。1942年，刘西林前往延安鲁艺学习。在毛泽东《在延安文艺座谈会上的讲话》的精神鼓舞下，刘西林创作了秧歌剧《逃难》。该剧主要讲述了国民党统治区一家三口为了躲避水灾之苦，逃难到共产党领导的晋绥边区，在边区政府和人民的帮助下最终过上了幸福美好的生活。《解放区的天》便是该剧的主题曲。这首红色歌曲也深切反映了边区政府对人民的关心，人民对边区政府的歌颂和拥护。随着秧歌剧《逃难》的不断上演，随着解放区的不断扩大，《解放区的天》这首红色歌曲也很快风靡全国。其实这首红色歌曲，在小说里并没有完整呈现，它还有前面两句"解放区的天是明朗的天，解放区的人民好喜欢"。在这个意义上，这首红色歌曲原本是歌颂共产党领导下的边区政府的。但是在《省府前街》里，省去了前面两段具体的地点以及主语，这首红色歌曲所要歌颂与赞扬的主体，由边区政府变成了中央人民政府。这一主语转换，意味着军民关系、政府与人民的关系，在中华人民共和国成立后依然延续着解放区的传统。人民对中央人民政府的拥护与歌颂，政府对人民的爱护与支持，从未改变。如果说先前《解放区的天》这首红色歌曲因为歌颂主体，而呈现出一定的局限性，而在小说《省府前街》里，因为南飞雁对其主体的置换，由边区政府置换为中华人民共和国中央人民政府，其背后的政治内涵更为宽广。开封人民在新中国演唱这首《解放区的天》，体现了中国共产党革命意识形态话语已经深刻融入老百姓的日常生活话语。《解放区的天》背后隐藏的革命精神，党的革命理论和方针，在老百姓的日常传唱中，继承并发展。

在当天的表演中，翻身妇女方队还演唱了《军民大生产》《绣金匾》《团结就是力量》《南泥湾》《没有共产党就没有新中国》和《拥军秧歌》七首歌。她们"唱完一遍再来一遍，循环往复，直到游行结束"①这些红色歌曲，有的是对伟大领袖毛泽东的歌颂，有的是对解放区南泥湾大生产运动的歌唱，还有的表达了对朱总司令的拥护和爱戴。不管其诞生于何时，是否是为抗战时期敌后抗日根据地的军民所服务的，在开封解放后，在五一劳动节当天，开封人民再次唱起这些红色歌曲，表明了他们对中华人民共和国成立的期待、对中央人民政府的拥护，对自己已经到来的新生活的歌颂。当然，这些激情澎湃的红色歌曲，也彰显了新中国人民昂扬向上、积极奋进的精神面貌与生活状态。

除了这些在我国土生土长的红色歌曲，小说《省府前街》里还出现了苏联卫国战争时期的红色歌曲《小路》。1949 年 10 月 1 日，全开封的民众通过广播的形式，聆听了毛主席在北京天安门城楼上宣布中华人民共和国中央人民政府成立的消息。当晚，沈奕雯、崔静姝、夏昶达一众人，聚在自家小屋的院子里，吃着王妈最拿手的热汤面，喝着酩悦香槟。书芃从房里取出手风琴，众人打着节拍，唱起了这首《小路》：

> 一条小路曲曲弯弯细又长，
> 一直通往迷雾的远方，
> 我要沿着这条细长的小路，
> 跟着我的爱人上战场。
> 纷纷雪花掩盖了他的足印，
> 没有脚步也没有歌声，
> 在那一片宽广银色的原野上，
> 只有一条小路孤零零。
> 他在冒着枪林弹雨的危险，

---

① 南飞雁. 省府前街[M]. 郑州：河南文艺出版社，2019：310.

> 实在叫我心中挂牵，
>
> 我要变成一只伶俐的小鸟，
>
> 一直飞到爱人的身边。
>
> 在这大雪纷纷飞舞的早晨，
>
> 战斗还在残酷地进行，
>
> 我要勇敢地为他包扎伤口，
>
> 从那炮火中把他救出来。
>
> 一条小路曲曲弯弯细又长，
>
> 我的小路伸向远方，
>
> 请你带领我吧我的小路啊，
>
> 跟着爱人到遥远的边疆。

　　这是苏联卫国战争时期著名的红色歌曲《小路》。它创作于 1941 年，主要描写了年轻的姑娘追随心上人一起上战场抗击敌人侵略的故事。整首歌曲优美而不柔弱，歌声中透露出坚强和勇敢，给人一种向往美好生活、战胜困难的勇气。这首歌曲出现在中华人民共和国成立的当晚，也可以视作是沈奕雯等中国人民对战胜日本侵略者这一历史的回忆，对抗日战争期间军民展现出的团结一致、奋勇杀敌的精神气质的祭奠与缅怀。在这个意义上，《小路》这首红色歌曲，其背后的政治内涵就更为深广：它不仅指向的是浴血奋战的中华民族站起来了，人民成为自己的主宰，他们沐浴在新中国的阳光里，积极生活；更指向的是以苏联为首的社会主义阵营的国家的人民，探索社会主义道路的艰辛，践行社会主义道路的成功。

　　《省府前街》里的红色歌曲，背后蕴藏着中国共产党的文艺政策、文化政策，乃至于治国方略。它们集中性地出现在《省府前街》建构的新中国这一历史语境中，反映了新中国历史语境中，中国人民对共产党政权的继续拥护与歌颂。从解放区政权到中央人民政权，中国共产党和中国人民相濡以沫，并肩前行，这些红色歌曲经久不息地流传就是明证。通过在小说内插入红色歌曲，南飞雁展现了新中国语境下民众的积极进取、健康向上的精神风貌，诠释了国家民族新的希冀与梦想。

三

南飞雁小说中也经常出现引流行歌曲入小说的现象，这主要表现在"七厅八处"系列小说中。其中涉及的流行歌曲，有王菲的《流年》《暧昧》《乘客》，周杰伦的《青花瓷》《蜗牛》，陈奕迅的《从何说起》等。站在音乐与小说交融互动的角度，这些流行歌曲或推动故事情节向前发展，或反映小说主人公情绪，或引发小说中人物感慨。流行歌曲是时代生活的映照，王国维说一个时代有一个时代的文学，其实一个时代也有一个时代的流行歌曲。在这个意义上，通过引流行歌曲入小说，尤其是引新世纪以来的流行歌曲入小说，南飞雁在"七厅八处"系列小说中向我们展示了现代都市男女两性的情感体验与生活感悟。

小说《红酒》中共有三处引用流行歌曲。第一处出现在简方平载王雅竺回家时。开车的简方平打开了收音机，车上正在放着王菲的《乘客》："高架桥过去了，路口还有好多个，这旅途不曲折，一转眼就到了，坐你开的车，听你听的歌，我们好快乐……"这首歌放在这里可谓应景之极。歌词里唱着的情景与小说里简方平和王雅竺正发生的情景一模一样。伴随着王菲似醉似醒的慵懒歌声，以及整首歌靡靡的慵懒调调，如果仔细辨别，甚至能听出其中的一丝丝诱惑与勾引，简方平与王雅竺二人的暧昧之情，达到了极致。第二处引入流行歌曲，发生在简方平与王雅竺有了肌肤之亲后。王雅竺将自己的第一次给了简方平，在回程路上，车上又放着王菲的歌，只不过这次是颇具伤感意味的《旋木》：

奔驰的木马让你忘了伤
在这一个供应欢笑的天堂
看着他们的羡慕眼光
不需放我在心上

旋转的木马没有翅膀

但却能够带着你到处飞翔

音乐停下来你将离场

我也只能这样①

按照小说里故事情节的发展，简方平与王雅竺有了肌肤之亲后，应是顺应了大家的愿望，走向婚姻的殿堂是二人的最终归宿。但是这里放着的这首流行歌曲，却显得十分突兀与别扭。尤其是这首歌曲后还有着简方平自我怀疑的不知道究竟他和王雅竺谁是旋转木马，谁将离场的困惑。当然，故事随后交代了结局，那就是王雅竺在身体破碎后，最终实现了精神自由，跟着自己心爱的女生远赴欧洲，追求不为世人所接受的幸福。在这个意义上，这首流行歌曲出现的位置，及其背后的象征意味，让这首流行歌曲具备了隐括色彩。

小说里第三处引入流行歌曲，故事的主人公仍是简方平，女性却换成了沈依娜。这次歌声出现在手机铃声里，简方平给沈依娜拨电话未通，听了几遍周杰伦的《青花瓷》："天青色等烟雨，而我在等你，炊烟袅袅升起，隔江千万里……"②这首流行歌曲出现在这里，也可谓十分应景。其时简方平对沈依娜的感情，正如歌里唱的那样婉转、含蓄，他并没有十分确定要跟比自己年轻十五岁的沈依娜在一起，但是同时却也抑制不住内心的思念与冲动，最终拨出了这一通电话。纵观三首流行歌曲在小说中出现的位置，可以发现它们都发挥了渲染简方平与另一位女性情感关系的作用。新世纪以来的流行歌曲，或者说王菲新世纪以来的歌曲，多半唱的是现代都市男女的情绪与体验，尤其是关于爱情的感受。这体现了现代都市生活中、陌生人社会里男女两性在爱情、婚姻关系上的博弈。相比传统女性而言，现代都市女性接受过高等教育，拥有

---

① 南飞雁. 红酒［M］//南飞雁. 天蝎. 郑州：河南文艺出版社，2018：36.

② 南飞雁. 红酒［M］//南飞雁. 天蝎. 郑州：河南文艺出版社，2018：46.

良好的家庭背景，因此在爱情关系上，她们不再单纯性地呈现出被动、被挑选的一面，而是具备了主动性。她们会根据自身的条件，主动挑选自己心仪的男性，并与他们厮守终生。因此说，男女两性在爱情中更多了一种彼此揣摩、彼此试探，甚至是隐喻意义上的"战争"意味。在这个意义上，王菲演唱的诸多流行歌曲，里面彰显了现代都市男女的感情状态。小说《红酒》内通过借助流行歌曲映射小说内主人公情绪，推动故事向前发展，也真切展现了都市男女的情感体验与追求。

小说《暧昧》中也有一处引流行歌曲入小说。聂于川和徐佩蓉二人是大学校友，徐佩蓉在校期间还给学长聂于川写过情书，当徐佩蓉被分配至聂于川所在单位时，徐佩蓉对聂于川的早年间的情感也一同唤醒了。因为工作机会，聂于川和徐佩蓉二人赴广州考察。一晚，徐佩蓉敲开了聂于川的房门，二人闲聊之际，徐佩蓉放了王菲的《暧昧》：

> 你的衣裳今天我在穿
> 没留住你却依然温暖
> 徘徊在似苦又甜之间
> 望不穿这暧昧的眼①

王菲这首《暧昧》，唱的正是男女之间定了又未定的暧昧状态，这样一种似有若无的状态，被王菲轻柔、迷蒙地唱出，更具诱惑力。说起来男女两性感情最具魅力的就是这一阶段。感情初期二人彼此互相试探，尚且生疏，难以摩擦出火花。感情确定之后，因为过分明确的关系，也减少了因不确定带来的诱惑与魅力。《暧昧》这篇小说讲的就是这二者之间的状态。聂于川和徐佩蓉在暧昧之间拉扯，他们彼此享受着这样一种状态。在这样一种暧昧状态里，双方不用挑明、不用负责，在彼此拉锯、左右摇摆中，甚至更能激发出爱的火花。歌曲《暧昧》由陈小霞作曲。如

---

① 南飞雁. 暧昧[M]//南飞雁. 天蝎. 郑州：河南文艺出版社，2018：108.

果站在歌曲《暧昧》与整部小说《暧昧》同标题、同主题的角度，甚至可以说歌曲《暧昧》与小说《暧昧》呈现出一种互文性互动的关系，犹如王安忆小说《长恨歌》与白居易诗歌《长恨歌》的互文性关系。在互文性视角下，聂于川与徐佩蓉的关系，可视作是歌曲《暧昧》里"我"和"你"的关系。在这个意义上，这种暧昧，其内容、意蕴就更显深远，"徘徊在似苦又甜之间，望不穿这暧昧的眼"，可谓道尽了现代都市男女之间微妙而细腻的感情交流。

纵观中国流行歌曲发展史，最早可以追溯至五四新文化运动时期，那一时期的流行歌曲，最著名莫过《毛毛雨》，因其靡靡之声，还受到鲁迅的批判。1978 年以来，中国的流行音乐得到了长足发展。20 世纪 90 年代的校园民谣，反映了改革浪潮冲击下，一代大学生走出校门后的困惑与迷惘。至于新世纪以来，周杰伦式的"中国风"，则体现了中国传统文化的回归与新变。可以说，每个时代的流行音乐，都是对当下人们社会生活的反映。具体到南飞雁小说中引入流行歌曲而言，这些流行歌曲多是对现代都市男女两性感情生活的描摹，在书写现代都市饮食男女的职场生活的"七厅八处"系列小说中，对小说故事情节的发展、人物形象的刻画、整体氛围与意境的营造，起到了重要作用。当然，它也反映了现代都市生活中男女两性的感情状态与生活。

后　记

细细算起来，上次写后记，还是在写博士论文的时候，恍惚间已过去了十年。这十年间，我以主编、副主编、编著者的身份出版了几本书，但是以专著作者的身份，还是大姑娘上轿头一回。过程中自然是小心谨慎地探索，不敢懈怠。

河南文学创作所取得的成绩，在全国有目共睹。这从历年茅盾文学奖的获得者中河南作家占据超过半壁江山就可看出。而我作为土生土长的河南人，在面对作家作品中那熟悉的乡情、乡音、乡亲，自然也有很多话说。感谢中国现当代文学学科带头人李勇老师的邀请，让我能有机会将自己对河南文学的所思记录下来、形成文字并出版。感谢武汉大学出版社的编辑老师们，在本书成稿过程中给了我很多中肯的意见和建议。感谢我的硕士研究生，孔德玉、李梦颖、刘美毓、华继聪、谷晓雪、张润楠、吴子轩，她们为本书的校对工作也贡献了一份力量。

刘向在《说苑·杂言》中提到："夫君子爱口，孔雀爱羽，虎豹爱爪，此皆所以治身法也。"[1]我的博士生导师李遇春教授经常用这句话教导我要爱惜自己的羽毛。希望本书的出版，能不负老师的期望。

清代人张潮在《幽梦影》中曾说："少年读书，如隙中窥月；中年读书，如庭中望月；老年读书，如台上玩月。皆以阅历之浅深，为所得之

---

①　刘向. 白话说苑[M]. 长沙：岳麓书社，1994：493.

浅深耳。"①可以想象，多年后重读这些文字，有"莞尔"、有"心有灵犀"，自然也避免不了"捶手顿足"。是为记。

朱一帆

2024 年 3 月于郑州

①　张潮. 幽梦影［M］. 武汉：崇文书局，2017：34.